新时代中华传统文化知识丛书

中国古代兵器

李燕　罗日明　主编

应急管理出版社

·北京·

图书在版编目（CIP）数据

中国古代兵器 / 李燕，罗日明主编. -- 北京：应急管理出版社，2024. -- （新时代中华传统文化知识丛书）. -- ISBN 978-7-5237-0752-4

Ⅰ. K875.8

中国国家版本馆 CIP 数据核字第 2024PC6008 号

中国古代兵器（新时代中华传统文化知识丛书）

主　　编	李　燕　罗日明
责任编辑	姜　婷
封面设计	薛　芳

出版发行	应急管理出版社（北京市朝阳区芍药居 35 号　100029）
电　　话	010 - 84657898（总编室）　010 - 84657880（读者服务部）
网　　址	www. cciph. com. cn
印　　刷	天津睿意佳彩印刷有限公司
经　　销	全国新华书店

开　　本	710mm×1000mm$^1/_{16}$　印张　9　字数　100 千字
版　　次	2025 年 1 月第 1 版　2025 年 1 月第 1 次印刷
社内编号	20231605　　　　　　　定价　39.80 元

序 言

中华民族是一个拥有悠久历史文化的民族。在中华民族璀璨的文化遗产中，古代兵器占据了重要地位。中国古代兵器有着极高的技术成就，对中国乃至世界都产生了深远的影响。

古代兵器作为中华文明的重要组成部分，不仅反映了我国古代的工艺水平，也见证了我国军事领域的辉煌历程。

从最早的石兵器、木兵器，到青铜兵器，再到钢铁兵器，直至火器，每一种兵器都在特定的历史时期展现出独特的风采。

石器时代的原始人类，利用简单的工具进行狩猎和防卫，开启了人类使用兵器的历史；青铜时代，以青铜为材料的兵器因坚硬与美观而成为战争中的重要利器；铁器时代到来，兵器的制造工艺得到了质的飞跃，钢铁兵器因锋利与耐用而成为战场上的主角；火药的发明，更是将兵器带入了火器时代，极大地改变了战争的形态。

古代兵器既是中华民族古老文明的关键一环，也是弥足珍贵的文化遗产。了解古代兵器，有助于增强民族自信心与自豪感，对于弘扬爱国主义精神有着重要的意义。基于上述考虑，我们编写了这本书。

本书旨在系统介绍古代兵器的发展历程和展示古代兵器的多样性，通过对不同材质、不同用途、不同作战方式的古代兵器进行详细介绍，读者能够全面了解中国古代兵器的演变和发展。

古代兵器的分类不仅仅是冷兵器和火器这样简单，还包括攻击性兵器和防御性兵器。各个时期的兵器，反映了当时社会的政治、经济、文化和科技水平。冷兵器时代，攻击性和防御性兵器不仅要求工艺精湛，还需要在材质上不断创新，以应对不同的战斗需求。冷兵器与火器并存的时代，火药的应用不仅提升了兵器的杀伤力，还推动了兵器种类的变革。火器的发明与改进，极大地增强了军队的战斗力，从而改变了战争的格局。

可以说，无论是冷兵器中的刀、枪、剑、戟，还是火器中的火铳、火炮，每一件兵器都是古人智慧与匠心的结晶。

除了上述内容，本书还讲解了古代兵器的制作工艺和使用方法，让读者能够更加细致地了解古代兵器，更加直观地感受古代兵器的魅力。

本书不仅是对古代兵器的系统梳理和介绍，也是对古代军事文化的全面展示。希望每一位读者都能在阅读过程中有所收获，感悟到古代兵器背后的智慧与博大精深的中华文化。同时，也希望本书能成为弘扬中华优秀传统文化、激发爱国主义精神的重要载体。

让我们一起翻开这本书，共同走进这段充满智慧和力量的历史，探索中国古代兵器的辉煌成就，传承和发扬中华民族的优秀文化吧！

目 录

第三章　古代火器

第四章　古代防护类兵器

第一章

古代兵器发展史

一、最早的兵器——石兵器与木兵器

兵器的起源，其实与人类的生产活动息息相关。原始人类为了生存下去，会用身边常见的材料来制造一些简单的工具，这些工具就是古代兵器的前身。

早在一百多万年前，原始人类就知道使用一块石头去敲击另一块石头，制作出边缘锋利的石器，用它们去切割树枝、抵御野兽等。这样的石器就是最古老的兵器。

在原始人类时期，石器具有多种功能。比如，原始人类会使用石斧劈柴、削物，也会用它抵御野兽和其他部落的敌人。可见，最早的兵器其实是与生产工具画等号的。

石器可以分为打制和磨制两种。打制的石器粗糙，磨制的石器精细。

在旧石器时代，原始人类会根据石头的自然形状来制作石器，比如，将圆筒形的石头做成石锤，将扁平的石头做成石刀，将带尖的石头做成剑或镞。就地取材，因材制器，这样可以最大限度节省制作石器的时间，也可以最大限度地发挥出石器的作用。

在旧石器时代，由于社会发展程度低下及技术水平落后，石器的主要职能是作为生产工具，次要职能才是作为抵御野兽和敌人的兵器，并且这两种职能事实上是混为一体的。到了新石器时代，随着社会发展程度和技术水平的提高，作为生产工具的石器和作为兵器的石器才逐渐区分开来。在这一时期，一种名为石钺的石质兵器出现了。

石 钺

石钺的前身是作为生产工具的石斧。但与石斧刃薄体厚的特点不同，石钺整体扁薄，形制规则匀称，表面光滑精细，石刃非常锋利。它的弧刃上方有一个圆形的穿孔，是用来捆绑在木柄上方便人们使用的。

除了石钺，新石器时代的人们还会使用精心磨制而成的石矛、石刀、石戈、石匕首等石器。这些石器虽然也可以作为生产工具使用，但其兵器特征已经越来越明显了。

到了原始社会末期，生产力不断发展，私有财产开始出现。人们为了掠夺更多的财富与奴隶，开始钻研更精细、锋利的石兵器。久而久之，石兵器就从生产工具中完全独立出来，变成了专门用于战斗的工具。

与石兵器相比，木兵器虽然不够坚硬，但可塑性更强，流传的时间也更为长久。早在旧石器时代，人们就已使用木器从事生产劳动了。随着时间的推移，木棍、木弓箭等兵器脱颖而出且经久不衰，在中国兵器史上留下了浓墨重彩的一笔。

木弓是抛射兵器中最为古老的一种。它属于弹射武器，由富有弹性的弓臂和柔韧的弓弦组成。张弓拉弦过程中积聚的力量可在瞬间释放，木箭便会借由这瞬间释放的力量弹射出去，击中远方的目标。

目前，木质弓箭的发源地尚不能确定，因为世界上不少民族都有使用木质弓箭从事生产活动的历史。我们祖先使用弓箭的历史至少可以追溯到三万年前。春秋战国时期，我国先民就已经开始使用复合弓作为兵器了。不过，原始人类使用最为广泛的木质兵器还是木棍。

《吕氏春秋》记载："未有蚩尤之时，民固剥林木以战矣，胜者为长。""剥林木以战"，其实说的就是人们使用木棍、木棒等进行战斗。

　　木棍的种类有很多，比如双节棍、三节棍、齐眉棍等。这些木棍多由富有弹性的枣木、栗木、白蜡木制成。棍作为兵器时，使用技巧丰富多样，可打，可劈，可扫，可压，可挑，可拨，所以，棍自古便是"百兵之首"。时至今日，仍有不少棍法流传。

　　除了木棍和木弓箭，木枪、木拐、木杖等兵器也随着技术的发展和战争的需要而产生，在战争中发挥了重要作用。

二、骨兵器与玉兵器

在金属成为兵器的主要材质之前，人们还曾使用骨和玉作为兵器的材料。相比华而不实的玉兵器，骨兵器在兵器发展史中的地位显然更高。

新石器时代开启后，石兵器的制作工艺更加精巧，石兵器的造型种类也更加丰富。与此同时，一种特殊材质的兵器登上兵器史的舞台，展现在世人面前。这种特殊材质的兵器就是骨兵器。

其实，骨器早在旧石器时代就已经出现了，只是当时的形态比较粗糙。原始人类会将动物某一部分坚硬、锋利的骨骼拿来斫物，比如鹿的头骨、蚌类的壳、龟的壳板、鲨鱼及犬科动物的牙齿等。这些动物骨骼可以直接使用，也可以稍加打磨后使用。但是，和旧石器时代的石器一样，骨器的主要职能也是作为生产工具，次要职能才是作为兵器。

到了新石器时代，骨头开始成为制作兵器的常规材料。相比石兵器，骨兵器更好打磨；相比木兵器，骨兵器天然尖锐且更加坚硬。所以，骨兵器在新石器时代的使用还是相当普遍的。

与骨兵器不同，玉兵器鲜为人知。新石器时代晚期，玉石成了我们祖先的珍视之物。自此，玉石被赋予了各种各样的意义，成为祭祀所用礼器的制作材料，也成为身份和地位的象征。后来，一些贵族开始用玉石来制作兵器。目前，中国发掘出土的最早的玉兵器，是河南省安阳市殷墟出土的殷商玉兵器。

铜柄玉刀

玉兵器可分为无铜柄和有铜柄两类。无铜柄的玉兵器多用碧玉和混色玉制作，其形状与刀很接近，两侧有锯齿，看上去比较锋利，但实际效用并不大。有铜柄的玉兵器多用白玉和碧玉制作，上面有精美的纹饰并镶嵌了各种宝石，十分华美。

不过，玉兵器昂贵而不实用，通常不用于实际战斗，只是贵族佩带在身上的一种装饰品。比如，浙江省绍兴市印山越国王陵中发现的玉剑，就是越王挂在身上的配饰，象征他的王权。

可以说，以玉做兵器是我国古代早期的一个特色，是人们在特定时代里，将兵器"仪饰化"的一种现象。玉兵器更接近于配饰，因此，玉兵器虽然在我国兵器发展史中占有独特的地位，但是不能单独构成兵器发展史中的一环。

三、最早的金属兵器——青铜兵器

人类最早使用哪种金属制品，与这种金属的获取、提炼难易程度密切相关。比较铜、铁、铝这三种金属，铜最容易获取而且性质比较稳定，铁次之但提炼难度相对较大，铝最活泼不容易被人掌控。因此，人类最早使用的金属兵器，就是青铜兵器。

在中国，人们很早就认识到了"兵者，国之大事"的道理。所以，在古代，人们获得了好的材料后，首先想到的就是用来制作兵器，而生产工具则可以选用较差一等的材料来制作。这也是"美金以铸剑戟，试诸狗马；恶金以铸钼夷斤斸，试诸壤土"所阐述的内容。

关于中华民族最早使用青铜器的时间很难考证。根据考古学家和历史学家的推算，我国开始使用青铜器的时间大约在公元前二十一世纪的夏王朝。河南偃师二里头遗址出土的青铜器可以证明这一点。并且，商王朝时期青铜器已经相当精美，青铜器的制作技术已经相当成熟，所以青铜器的起源至少是在此之前。

青铜实际上就是锡和铜等的合金。这种合金生锈后为青绿色或青灰色，所以人们将这种合金称为"青铜"。青铜兵器历经夏、商、周三个朝代，可谓历时久远。"三代铜兵"足以为今人展现青铜兵器的魅力了。

在河南偃师二里头遗址出土的夏朝青铜制品除凿子、锥子和小刀等小型工具以外，还有饮酒用的铜爵杯和作为乐器的小铜铃，以及戈、戚和镞等青铜兵器，可见当时青铜的冶炼技术和青铜器的制作技术已经达到一定水平。

到了商朝，青铜兵器变得精巧绝伦。商朝的青铜兵器不但铜质较好，而且上面镂刻了精美的图案，有的还镶嵌了华美的宝石。商朝使用青铜来制造兵器，也会用青铜来制造礼器。这与他们"重神先鬼""国之大事，在祀与戎"的思想是不可分割的。在先民看来，青铜礼器要与青铜兵器一样精美，这样才算对神鬼与戎战同样心存敬畏。不过，在中国的青铜时代，生产工具材质方面的"以铜代石"却一直没有完成。

商朝冶炼青铜主要包括选砂、配合、掺锡、铸范和修饰五道工序。目前出土的殷商青铜兵器主要有铜镞、铜钩、铜矛、铜刀、铜削和铜斧等，其中，以出土于河南省安阳市殷墟妇好墓的两件大铜钺最为著名。这两件大铜钺体形硕大，一个上面饰有两条侧身龙纹，一个上面饰有双虎噬人头纹，制作颇为精美。

青铜剑也始自商朝，不过那时的青铜剑剑身短，形状类似柳树的叶子，制作也很粗糙。到了春秋战国时期，冶炼技术与铸造工艺更加成熟，青铜剑的长度也开始发生变化。此时的青铜剑可达五六十厘米。到了秦朝，关中秦剑的长度超过 80 厘米，最长的接近 95 厘米。

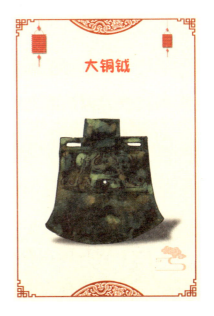

大铜钺

青铜兵器的出现大大提高了兵器的杀伤力，丰富了兵器的形状和功能。不过，随着更为优秀的铁质兵器的登场，青铜兵器也只能退居幕后了。

四、钢铁铸造的冷兵器

钢铁推动了人类文明的进步，影响了人们生活的方方面面，其中也包括兵器。中国古代钢铁兵器的发展，经历了一个相当漫长的时期。

尽管我国在春秋晚期才正式进入铁器时代，但考古发现表明，其实早在商朝时期，我们的祖先就已经能够利用铁制作出锋利的钺刃了，河北藁城出土的铁刃铜钺便是明证。不过，那时候的铁不是人工制成，而是来自天空的陨星，被称为"陨铁"。

春秋早期，我国先民已经掌握了人工冶铁技术。出土于河南省三门峡市的虢国玉柄铁剑是目前发现的我国最早的冶炼铁兵器。我国的炼钢工艺，在春秋晚期也已经存在了。湖南长沙杨家山春秋晚期的墓葬中出土了一把铜格铁剑，经过检验，这把剑是钢质的。这也是迄今为止我们见到的最早的钢质兵器。

到了战国晚期，我国的钢铁冶炼技术有了显著的发展，我国先民已经较好地掌握了块炼铁渗碳炼钢技术，能够生产出较高质量的钢材，这为制造钢铁兵器提供了较好的原材料。当时，楚国、燕国等诸侯国的军队已经配备了剑、矛、戟等钢铁兵器，以及使用铁片制作的防护装备。不过，这一时期，钢铁兵器并没有

完全取代青铜兵器。直到汉武帝统治时期，钢铁兵器才基本取代了青铜兵器，成为战争时使用的常规武器。

到了西汉时期，淬火技术的推广使钢铁兵器的应用更加广泛，军队装备钢铁兵器的比例也开始显著上升。考古发现显示，汉高祖时期的长安兵器库中，铁质刀、剑、矛、戟和箭镞的数量远远超过了青铜兵器。

东汉到唐宋时期，钢铁兵器进入全面发展的阶段，各类钢铁兵器层出不穷。步兵常用刀和盾作战，骑兵则使用双刃马矟，这种兵器能够穿透敌军铠甲。弩作为远程兵器不断被改进：东汉时期出现了腰开弩；三国时期的诸葛亮发明了连弩，极大地提升了蜀军的远程打击能力。晋代创

制的马镫也得到了广泛应用，提高了骑兵的战斗力。防护装备也得到了发展，唐代的铠甲种类繁多，达十三种。

唐朝时期，军队装备实现了一定程度的标准化和制式化。《新唐书·兵志》记载："人具弓一、矢三十，胡禄、横刀……皆一。"这句话表明，一名唐朝士兵的基本装备包括弓、矢、胡禄（装箭的工具）和横刀等。在《神机制敌太白阴经·部署篇》中，唐河东节度使都虞候李筌详细描述了军队的装备配置，其中包括弓、弩、枪、刀、甲等多种钢铁兵器和护具。唐朝时期，钢铁兵器种类多样，功能齐全，能够充分发挥攻防兼备的综合杀敌效果。

到了宋朝，钢铁兵器获得了进一步发展。北宋仁宗时期编纂的《武经总要》中记载了北宋初年钢铁兵器的制造和使用情况。这一时期，钢铁兵器种类繁多，超过前代。尽管宋代以后钢铁兵器仍在发展，但随着火器的逐渐普及，它们逐渐退居次要地位。

中国古代钢铁兵器是中国古代冶铁技术发展的见证者，也是中国古代军队装备和战斗力提升的重要体现。

五、火药的发明与火器的出现

火药是中国古代四大发明之一，也是火器的发射药和战斗部装药。火器的杀伤力和震慑力极强，是人类的一项重要发明。

火药，又被称作"黑火药"，是一种黑色或棕褐色的粉末，主要成分是硫黄、硝石和木炭。人们按照一定的比例选取上述物品，然后将其研成粉末，制成火药。后来为了让火药能够充分燃烧，人们又将粉末火药改成了颗粒状火药，这也是无烟火药发明之前，民用和军用的唯一爆炸药。

火药的发明与炼丹家密切相关。炼丹家在炼制"仙丹"的过程中意外发现了火药。我国第一部记载火药配方的书写于隋唐时期，书中介绍"以硫黄、雄黄合硝石，并蜜烧之"，会发生"焰起，烧手面及烬屋舍"的现象。

到了唐朝中后期，火药开始被用于军事。有关唐朝末年战争的记载中，就可以看到士兵用火药焚烧对手的描述。根据《九国志》中的记载，唐哀帝时期，郑璠率军攻打豫章（今江西南昌），就使用火药烧毁了龙沙门。这也是关于火药攻城最早的记述。

到了北宋时期，火器开始快速发展，各式各样的火器相继问世，市面上甚至出现了有关火器制造的著作，如《武经总要》。《武经总要》记载了很多火器的制作方法，也提到了不少特殊火药的配方。《宋史·兵记》也有记载，开宝三年（970年），兵部令史冯继升发明了"火箭法"，就是在箭杆的前段绑上一个火药筒，利用火药点燃后喷出气体的反作用力将箭镞发射出去。这是中国有记载的最早的喷射火器，也是世界上最早的喷射火器之一。

宋朝时期战争不断，所以宋神宗专门设置了军器监来统管全国的军器制造。当时生产火药和火器的作坊规模极大，能够"同日出弩火药箭七千支，弓火药箭一万支，蒺藜炮三千支，皮火炮二万支"。这种大规模的生产方式也促进了火药和火器的发展。

南宋开庆元年（1259年），寿春府（今安徽省寿县）有人制作出了一种突火枪，这种火枪可以喷射火焰将人烧伤。到了元末明初，这种突火枪被改制成火炮，名"火铳"。

明朝时出现了成建制的火器部队，这种部队在冷兵器时代的威力可想而知。在作战火器方面，当时的人发明出了"多发火箭"。明成祖朱棣就使用过一种叫"一窝蜂"的兵器，这种兵器可以同时发射三十二支箭，堪称现代多管火箭炮的鼻祖。

明朝时期，我国火器的制造水平达到了顶峰，在世界上也处于领先水平。不过，从明朝中后期开始，中国科学技术的发展开始逐渐滞后于西方。清军入关后，统治者将火药看作奇技淫巧，不屑于将它用在军事上；闭关锁国政策又限制了中外交流，使得西方的先进技术无法传入中国。最终，西方用先进的枪炮装备轰开了清朝的国门。

直到鸦片战争以后，清朝才开始重视起先进火器的研制工作，同时创办了近代军事工业，专门研究制造枪炮弹药。

第二章

古代
冷兵器

一、古代冷兵器的不同分类

冷兵器指的是不用火药或其他燃烧爆炸物质，主要依靠人力、畜力、机械力的作用进行作战的兵器。广义上的冷兵器也可以指冷兵器时代中所有用于作战的装备。

冷兵器的发展可谓源远流长。它历经石器时代、青铜时代和铁器时代三个阶段，时至今日，仍在诸多场合中为世人所见，保持着一定的活跃度。

根据材质，冷兵器可以分为石兵器、木兵器、竹兵器、骨兵器、蚌兵器、青铜兵器、皮革兵器、钢铁兵器等；根据用途，冷兵器可以分为进攻型兵器和防守型兵器，进攻型兵器又可细分为格斗兵器、远程兵器和卫体兵器，防守型兵器则主要指盾甲类兵器；根据作战方式，冷兵器可以分为步战兵器、骑战兵器、车战兵器、水战兵器、攻守城器械等；根据结构形制，冷兵器可以分为短兵器、长兵器、抛射兵器、护体兵器等。

许多冷兵器采用了复合材料且兼有两种以上用途，人们在划分冷兵器时，通常会按照兵器的主要材料或主要用途进行划分。

提到冷兵器的种类，相信不少人都会想到一个专属名词——"十八般兵器"。事实上，不同历史时期的人们对十八般兵器的解释并不相同。

关于十八般兵器，有一种说法是，汉武帝刘彻根据汉军和匈奴铁骑之优劣，在经过严格的挑选和整理之后，筛选出了十八种类型的兵器，即矛、镗、刀、戈、槊、鞭、锏、剑、锤、抓、戟、弓、钺、斧、牌、棍、枪、叉。到了三国时期，著名的兵器鉴别家吕虔根据兵器的特点，将汉武帝钦定的这十八种兵器重新排列为九长、九短兵器。"九长"为刀、矛、戟、槊、镗、钺、棍、枪、叉；"九短"为斧、戈、牌、箭、鞭、剑、锏、锤、抓。明代谢肇淛在《五杂俎》中提到了十八般兵器，分别是弓、弩、枪、刀、剑、矛、盾、斧、钺、戟、鞭、锏、槁、殳、叉；钯头、绵绳套索和白打。其中，前十七种都包含兵器和对应的格斗技艺，只有最后一种不包含兵器，只是打斗技巧。所以这种说法中的冷兵器实际上只有十七种。清朝时有人提出十八般兵器为刀、枪、剑、戟、斧、钺、钩、叉、镗、槊、棍、棒、鞭、锏、锤、抓、拐子和流星。

为什么会出现这种现象呢？中国古代冷兵器种类繁多，哪怕是相同种类的兵器，大小、形状、材质或重量也会有所不同，并且不同时期和地域的兵器名称并不统一，所以出现了关于十八般兵器种类说法不一致的情况。这些兵器里，有一些已经被历史的洪流湮没，如殳、戈；还有一些已经变化成了另一种形态，比如，钺原是古代的一种类似大型斧头的兵器，现在演变成为一种有刃有钩的小巧兵器。

除常规冷兵器外，还有一些比较特殊的兵器，它们虽不常见，但也是中国古代冷兵器的重要组成部分。下面，我们就来一起看看那些鲜为人知的另类兵器。

1. 铍

铍是一种造型像短剑的兵器。铍的后端是矩形或扁形的茎，用来装铍柄。在铍柄末端，有铜樽做装饰，还有保护铍刃的铍鞘。西汉中期以后，铍这种兵器就逐渐消失在了历史长河之中。

2. 吴钩

唐代诗人李贺云："男儿何不带吴钩，收取关山五十州。"这里的"吴钩"其实是古代冷兵器的一种。相传，吴钩造型如同弯月，单侧有刃，齐头，因为最早出现在吴国，所以人们称其为"吴钩"。这种兵器是一种短兵器，可以劈，可以砍，适合近身战斗。

3. 钩镶

钩镶这种兵器对现代人来说比较陌生，但在汉代，它可是一种相当常见的复合型兵器。钩镶整体呈弓形，两头各有一个向外的弯钩，上钩比下钩要长，两钩中间有小型盾牌，盾牌后有把手。钩镶兼具防、钩、推三种功用，是一种攻防兼备的兵器。

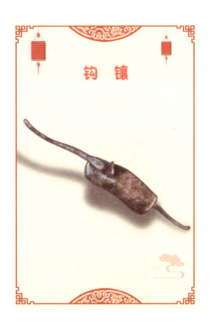

钩镶

4. 戚

戚是一种类似小斧子的兵器。它体形较为窄小，所以在格斗中的效果不如矛、戈等兵器。古时候，戚常作仪仗之用，有时也用作乐舞时的道具，《礼记》中就有"大乐正学舞干戚"的描述。

5. 啄

啄是戈类兵器的一种，在先秦时期的西南地区比较流行。这种兵器只有啄击一种功能，后来就慢慢地被淘汰了。到了唐代，啄又成了骑兵的制式兵器之一，后来又因为功能太过单一而消失在了历史的洪流中。

二、长兵器

中国古代没有区分长、短兵器的具体标准，一般将兵器整体长度与成人身高相同或超过成人身高，战斗时需要双手使用的冷兵器统称为"长兵器"。

长兵器是中国古代军队装备的主要兵器，可以划分为制式兵器与非制式兵器两类。制式兵器，就是全军统一使用的同一种参数的兵器。这类兵器通常是由相关部门审批备案，具有正式的型号编号。非制式兵器，是相对制式兵器而言，没有经过官方统一标准规定制造的兵器，可能是民间工匠制作的，也可能是士兵根据自己的喜好改装而成的。在中国古代，制式长兵器主要有如下几种。

1. 矛

矛是中国古代常见的兵器，分为矛头、矛柄两部分。矛头部分十分锋利，两侧有凹槽，刺杀效果比戈和戟更强，所以它在冷兵器时代一直是军队装备的主要兵器之一。矛也是中国古代兵器史上活跃时间最久的兵器。从原始社会开始，石矛就是人类常用的兵器，随着时间的推移，矛的材质也逐渐丰富起来。

铁矛出现于战国时期。到西汉时期，军队的常规化兵器已经由铜矛变成了铁矛，铁矛比铜矛更长，也更加锋利。直到唐代，矛都被看作重要的制式兵器，普通民众不许持有。

不过，矛也有它的局限性。它的刃部较长，在对敌人发动攻击的时候，攻击方式较为单一，缺少灵活性。所以，矛这种兵器在唐代之后就逐渐被其他兵器取代了。

2. 枪

枪是一种与矛类似的刺击型兵器。两者的区别是，枪头比矛头细小且更为锋利，枪整体也比矛更加轻便。相传，枪最早出现在黄帝时期。汉代之前，枪都是木制或竹制的。到了东汉末年，诸葛亮命人在木枪杆上加了铁枪头，至此枪才变成了今天人们看到的样子。

宋代时，枪逐渐取代了矛，成为军队中常用的制式兵器。《武经总要》中记录了十八种宋代枪，如单钩枪、双钩枪、环子枪、捣马突枪等。到了明清时期，将领作战时更喜欢用杀伤力强的火器。不过，枪仍然是当时最常规的近战兵器之一。

3. 戟

戟是中国古代特有的长兵器。它是戈和矛的结合体，既有横刃，又有直刃，兼具了钩、割、啄、刺等多种功能。

目前，我国发现的最早的戟是商代的。商周时期的戟可以分为两种类型：一种以戈为主，上方有刺，下方有胡，整体呈"十"字形，不太适合实际作战；另一种以矛为主，旁边有横刃插在矛体上，增强了扎刺的功能。

战国末年，我国冶铁技术发生了大变革。戟受冶铁技术影响，在形制、质地上发生了变化。此时，戟从铜制"十"字形进化成铁制"卜"字形，战斗力有所提升，成为战场上的主要兵器。唐代以后，戟被枪取代，逐渐退出了制式兵器的行列。

戟不仅是古代军队的常用兵器，也是古代兵器的泛称。古时候，人们常把士兵称作"持戟之士"，一个国家的"持戟之士"越多，意味着这个国家的军事武装力量越强。

4. 长刀

长刀是一种拥有较长刀部的砍杀型兵器，由汉代的佩刀发展而来。长刀为直背直刃，在砍杀时相当有力，所以很适合作为战场兵器使用。

魏晋南北朝时期，长刀是骑兵的重要装备之一。到了唐代，长刀又被称作"陌刀"，它不仅是骑兵称手的兵器，也是步兵喜欢的兵器。在宋代，长刀被称作"斩马刀"，是有名的步战用刀。

除了上述四种制式长兵器，棍、棒、杵、杖、长柄斧等也都是古人常用的长兵器，在古代战争中发挥着重要的作用。

三、短兵器

中国古代一般将长度不及成年人身高，可随身佩带，能单手使用的冷兵器统称为"短兵器"。

短兵器以刀、剑、钺、匕首等为代表。通常情况下，防身所用的短兵器与攻击所用的短兵器并没有什么严格区别，它们都既可以用来防身，又可以用来攻击。

在众多短兵器中，剑历来为兵家所喜爱。一些尺余长的短剑，不仅可以用作格斗兵器，还可以充当礼仪兵器。在古代，贵族或君王用来防身的兵器通常是短兵器，尤以短剑最为常见。他们会让工匠使用上好的材料制剑，并在其上装饰金银、宝石，以彰显身份。

河南省陕州区出土过一柄春秋时期的金镡金首铁剑。这柄剑长 38.5 厘米，剑身为铁质，剑镡和剑首为金质，显然是贵族防身用的兵器，绝非普通人用得起的。

类似这种贵族使用的防身用的短兵器，还有河北省宣化区出土的春秋时期的双环蛇首短剑。

短剑作为短兵器中的重要一员，一直活跃在春秋战国时期。当时，刺杀活动盛行，短兵器短小锋利，便于隐藏携带，能出其不意地让人丧命，非常适合暗杀。所以，当时的刺客都会配备匕首、短剑等锋利精良的短兵

春秋金镡金首铁剑

器。有一种两边开刃、中间有剑脊的锋利短剑，刺客甚至可以将其藏入鱼腹，这种短剑被称为"鱼肠剑"，是短剑中的精品。

短兵器在以骑兵为主的战场上并不适用，但如果是近战，短兵器能发挥出比长兵器更强的威力。比如，咸淳九年（1273年），蒙古军攻破樊城后，樊城守军牛富带领百余位勇士与蒙古军队进行巷战，他们使用的就是短兵器。

短兵器作为兵器家庭的一个重要组成部分，在相当长的时间里都发挥了重要作用。时至今日，仍然有不少短兵器流行，如军匕、军刀等。从这些短兵器中，我们也能一窥古代冷兵器时代短兵器的风采。

四、远射兵器

远射兵器也被称作"弹射兵器""抛射兵器"。远射兵器历史悠久，世界上很多民族都使用过远射兵器。目前，中国发现的最早的远射兵器是一枚石镞，它来自两万多年前的旧石器时代，历史相当久远。

在众多远射兵器中，最为古老的是弓箭。弓由柔韧的弓弦和富有弹性的弓臂组成，人们张弓拉弦让力量积聚，然后释放弓弦，利用瞬间释出的力量把弓弦上的弹丸或箭射到远处。

我国先民使用弓箭的历史，大约能追溯到三万年之前。进入青铜时代后，更加尖锐、坚硬的铜制箭镞出现了，而且弓身也变得更富有弹性。虽然史书中并没有记载弓箭是什么时候成为战场兵器的，但早在春秋时期，弓和箭就已经是军队中重要的远射兵器了。

战国时期，造弓使用的主要材料是角、丝、干、胶、筋和漆。这六种材料齐全的弓被称作"复合弓"，战斗力要比普通弓更强。

到了汉代，弓被制造得更有利于实战。为了适应步战、水战和骑战，人们发明出了不同种类的弓，比如强弓、雕弓、路弓、虎贲弓与角端弓等。

到了唐代，弓的造型与性能又提升了一个档次。唐代的弓主要有长弓、角弓、稍弓和格弓。长弓适合步兵作战时使用；角弓则多用于骑兵作战；稍弓是短弓，利于近射，一般是皇家禁卫军使用；格弓则是皇家卫队的仪仗弓。

宋军较为重视弓箭，《武经总要》中记载的弓有黄桦弓、黑漆弓、白桦弓、麻背弓，根据插图来看，这四种弓都是反曲弓。到了元代，蒙古人主要使用的是具有中亚突厥系风格的"螃蟹弓"。明代主流装备弓型是小稍弓。小稍弓的效能更高，射出的箭初速更快，射程也更远。到了清代，常见的就是长稍弓了。它的特点是弓体巨大，弓梢长而反向弯曲，拉弓更轻松，短距离内威力更大。

介绍完弓，自然就该介绍它的好搭档箭了。在古代，箭又被称作"矢"，而箭头则被称作"镝"或"镞"。箭与弓是不可分割的，最早的箭其实就是由树枝或竹竿削制而成的细棒，后来，原始人类将石头、骨头或贝壳磨尖，固定在细棍的一端，制成了有箭头的箭。

在商代遗址中，专家发掘出一个皮革制成的箭袋，箭袋里装有带铜镞的箭。铜镞样式多样，有类似匕首的薄匕式，有呈三刃长条形的三棱式，有上部尖锐、下部圆润的圆锥式，有镞部平和无锋、适合练习使用的平头式。

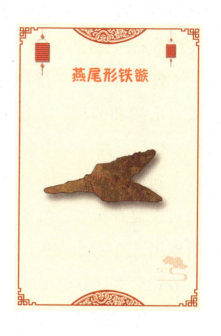

燕尾形铁镞

除了弓箭，弩也是古代常用的远射兵器。弩属于弓的变种，它比弓更有力量，命中率也更高。有些大弩需要安装木臂和机械装置，其威力巨大，被用于攻城。战国时期，一种可以连发的弩很受人们欢迎，这种连弩经人们不断改进，成为后代兵士喜爱的远射兵器。直到明朝时期火器大兴，弩才逐渐消失在人们的视野里。

唐代《神机制敌太白阴经》记载，我国还有另一种远射兵器很受欢迎，它就是抛石机。抛石机由木料制成，木架上方有一个可以转动的轴。利用杠杆原理，抛石机可以将沉重的石弹抛射出去。后来，这种抛石机被杀伤力更大的火炮取代，渐渐消失在了战场中。

弓箭、弩、投石机等远射兵器的发明和改进，使得人们能够在较远的距离准确而有效地射杀猎物或攻击敌人。可以说，远射兵器是冷兵器时代战争中必不可少的武器。

五、暗　器

暗器重量轻，体积小，通常带有尖刺，具有方便携带、攻击速度快、隐蔽性强的特点，是深受古代人喜爱的暗杀武器。

暗器，就是指那种暗中投射的使人来不及防备的兵器。我们可以大略将其分为手掷暗器、索击暗器、机射暗器、药喷暗器四大类。

1. 手掷暗器

手掷暗器，顾名思义，就是利用手部力量抛射出去的暗器。这类暗器包括飞镖、飞剑、飞叉、飞刀、铁橄榄（枣核箭）、梅花针、乾坤圈、标枪等。

在手掷暗器中，最受人们欢迎的当数飞镖。飞镖有金钱镖、脱手镖等多种。金钱镖是较常见的一种手掷暗器，用铜钱制作而成。制作方法很简单，将铜钱边缘磨得很薄即可。这种开了刃的金钱镖方便携带，而且隐秘性很强。

脱手镖根据形状可分为三棱镖和七棱镖等，一般长约10厘米，重约半斤，是镖师常用的暗器。脱手镖也可分为光镖和带衣镖。光镖没有镖衣，虽然方便携带，但飞行的稳定性较差，很难命中目标。带衣镖则有绸布绑在镖尾，可以稳定飞镖的飞行方向。

飞刀也是常见的手掷暗器。飞刀样式很多，可以分为单刃和双刃两种，其中最常见的是柳叶飞刀。柳叶飞刀形状如同柳叶，开双刃，中间厚，两边薄，身长约20厘米，刀柄长约4厘米。使用者通常将其藏在背后，使用时会低下腰取刀飞掷。

掷箭是一种比较有特色的手掷暗器。掷箭主要有三种样式：第一种是前端呈三角形的纯铁掷箭；第二种是由铁、竹混合制成的无羽掷箭；第三种是前细后粗、纯用竹子制作而成的掷箭。

2. 索击暗器

索击暗器是一种用绳索连接器物与手部的暗器。人们将绳索握在手中，挥动绳索控制另一端的器物，对敌人造成伤害。常见的索击暗器有绳镖、飞爪、软鞭、流星锤、狼牙锤、铁莲花（铁四指）等。

绳镖由一个或多个呈三角形或圆锥形的金属镖头及一根长绳组成，长绳较长，至少是使用者身高的两倍。这种暗器有两种携带方式，一种是缠在腰间，用活扣扣上；另一种则是镖头挂在腰间一侧，长绳缠在另一侧，方便快速抽出来使用。绳镖杀伤力较强，但由于绳索较长，瞄准难度大，使用者要掌握一定的技巧才能做到收发自如。

流星锤与绳镖的构造差不多，都是用绳索将金属器物系在一端。流星锤有"单流星"和"双流星"之分。单流星，就是仅绳索一端有金属锤头的兵器，而双流星则是铁索两端各系一个锤头的兵器。

3. 机射暗器

机射暗器，就是通过弹力来发射器物的一种暗器。常见的机射暗器有袖箭、弹弓、弩箭、雷公钻等。在冷兵器时代，袖箭和背弩是使用最多的机射暗器。

袖箭是指藏在袖子中的小型箭。袖箭可以分为单筒袖箭和双筒袖箭两种。单筒袖箭只能单次发射，而双筒袖箭可以多次发射。袖箭的发射原理是让箭挤压箭筒中的弹簧，借助弹簧的弹力飞出去伤人。所以，袖箭没有固定射程，具体能射多远要看弹簧的力量有多大。

单筒袖箭

背弩是一种小型弩，材质是竹和铁混合。使用者可以用两段绳索将弩系在后背上，使用时，只要低头弓腰，让绳索拉动扳机，箭就会从使用者的脑后部位射出。

4. 药喷暗器

药喷暗器，是一种以机械力或火药力为动力，向敌人喷射尖锐兵器或毒物的暗器。常见的药喷暗器有袖炮、喷筒、鸟嘴铳等。

袖炮是一种小型前膛火器，因体形细小，可以装入袖筒而得名。袖炮杀伤力较大，清末时期，人们经常使用袖炮来防身。

暗器的发展是我国冷兵器发展史中的重要一环。这种体小强悍的兵器种类，是后世研究中国古代兵器不能忽视的部分。

六、攻城器械与守城器械

攻城器械与守城器械可以合称为"城战器械"，它们随着城郭的兴起而诞生，又随着城郭的发展而发展。在明代，攻城器械与守城器械发展到了顶峰。

城市是区域内人口最为密集的地方，是经济、政治、文化的中心。中国历代统治者都很重视城市的防御功能，会设置望楼、烽燧等加强城防。城市也历来是军队进攻的主要对象。为了取得战争的胜利，攻方需要大量的攻城器械，守方则需要更加完善的守城器械。

军队在战争中使用的攻城器械主要有壕桥、轒辒车、云梯、飞梯、撞车、吕公车、床弩、抛石机等。

壕桥，又称为"飞江"或"飞桥"，是古人为了通过城外的壕沟或护城河等障碍，作为攻城军机动性的便桥。当遇到壕沟之时，推动壕桥架于壕沟之上，可供器械、士兵通过。宋代时出现的折叠壕桥，不仅在桥体长度上有所提高，而且架设更为便利。

辒辌车是为了掩护挖地道的士兵而制造出来的，为四轮无底木车，上蒙牛皮以抵御城上箭矢，人在车中推车前行。在辒辌车的掩护下，挖地道的士兵可以免受自城楼上袭来的箭雨与落石的攻击，安然作业，直到地道成型。

云梯是供士兵攀爬城墙的器械，由梯身、抓钩、车轮三部分组成。梯身可以上下仰俯，士兵可以通过梯身爬到城墙壁上作战；梯顶端有抓钩，用来钩住城墙边缘、固定梯身；梯身下装有车轮，方便移动。

飞梯是简易式云梯。云梯因质量及体积甚大而具有难以移动等缺点，于是种种较为轻便的登城梯渐渐被推广开来，如飞梯、竹飞梯和蹋头飞梯等。木质的飞梯，长约二三丈，一端安装双轮，攀城时以轮贴着城墙推进竖起；竹飞梯，以独竿大竹为主体，设多级横档，以便手攀脚登；蹋头飞梯，分两层，下层如飞梯，上层用独竿竹制成，中设转轴，竿首安装双轮，取其附城易起。

撞车是用来撞击厚重城门和城墙的武器。《武经总要》中记载："撞车上设撞木，以铁叶裹其首，逐便移徙，伺飞梯临城则撞之。"也就是说，撞车通过其前端包裹着铁叶的撞木对城门或城墙进行撞击，以达到破坏对方防御设施的目的。

　　吕公车是一种巨型攻城战车，车高数丈，长数十丈，下有轴、轮用以推进，车内分上下五层，每层有梯子可供上下，可载几百名士兵。进攻时众人将车推到城脚，车顶可与城墙平齐，士兵们通过天桥冲到城上与敌人拼杀，车下面则用撞木等工具破坏城墙。吕公车巨大笨重，很少出现在战场上，但一旦出现，往往对守城兵士造成极大的威慑力，从而乱其阵脚。

　　床弩是一种安装在架子上的大型强弩，能够发射巨箭，且常能一发多箭。床弩一经发射，"所中城垒无不摧陷，楼橹亦颠坠"，威力极其可观。不仅如此，床弩还可以发射"踏橛箭"，将其牢牢钉入墙壁，供士兵蚁附而上。

　　抛石机，也就是投石车、发石车，由支撑的木架、固定木杆的轴承及用以抛射石弹的木杆组成。木杆的前端有容纳石弹的皮囊，末端系有绳索。当瞄准完毕以后，士兵向下猛拉绳索，石弹飞出。它威力极大，堪称冷兵器时代的重型"火炮"。

　　攻方有攻城器械，守方自然就要有守城器械。与攻城器械相比，守城器械的种类也不遑多让。常见的守城器械有飞钩、木檑、狼牙拍、塞门刀车、城门插板、吊桥等。

　　飞钩，是一种用金属钩和铁链组合而成的兵器，造型有些类似钓竿。爬城敌军通常身披重甲，且因害怕箭矢、落石攻击而不敢抬头，飞钩据此设计制造而成。守军将飞钩抛下，一旦钩住敌人的盔甲就迅速拉回，每次能钩到两三个人，给敌军造成混乱和伤亡。

木檑由一种粗大的圆木头制成，上面插着各种金属尖刀。敌方攻城时，守军可以把木檑从城墙上抛下，以达到打击敌军的目的。从这一角度来说，木檑算得上是一种杀伤力很强的守城器械。

狼牙拍的功能和木檑相似，都是用来打击攀登城墙的敌军的。《武经总要》中记载："敌人蚁附登城，则使人擎起，下而拍之。"狼牙拍的打击面积比较大，用来拍打攻城敌军效果较好。

塞门刀车是一种用硬木制成的守城器械。它体形较宽，车前装有锋利的尖刀。当城门被摧毁后，可将塞门刀车堵在城门处，防止敌人冲进城中。塞门刀车也经常用在巷战中，可阻挡敌人前进。

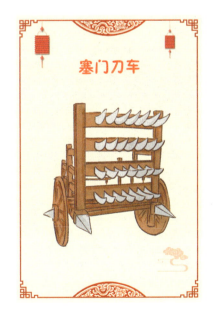

城门插板是一种加固城门的器具，可以有效防止敌人破门而入。

吊桥是设置在城外护城河边的防具。平时吊桥放下，供人们来往进出。到了战时，守军会收起吊桥，使敌人无法轻易渡过护城河。

除了这些器械，守方还有防止敌人挖隧道进城的器械，如"地听"。守城器械还可以与攻城器械配合使用，二者配合可以取得成倍的效果。

七、障碍器械

障碍器械，指的是古代战争中用来阻挡或滞缓敌方行动的器械。障碍器械主要有拒马枪、地涩、绊马索、鹿角木、铁蒺藜等。

障碍器械是冷兵器时代兵器的重要组成部分，根据性能可分为两类：一类是直接阻敌的器械，如拒马枪、铁蒺藜、鹿角木和绊马索等；另一类是间接阻敌的器械，如陷马坑、机桥等。

1. 拒马枪

拒马枪是古代战争中经常用到的一种障碍器械，通常用木头制成，可以滞缓敌方人马前进。早在商周时期，拒马枪就已经被应用于战争之中。

《通典·兵五》引《卫公兵法·攻守战具》："拒马枪，以木径二尺，长短随事，十字凿孔，纵横安检，长一丈，锐其端，可以塞城中门巷要路，人马不得奔驰。"这段话的意思是，拒马枪是用直径二尺的一根圆木制成，长短要根据具体情况来定，在圆木上按照十字形开凿孔洞，然后纵横交叉安装上若干根长一丈左右的木棍，木棍端头要削尖，将拒马枪放在城门口或交通要道可以阻止人员和马匹快速通行。

拒马枪的材质并不局限于木头。在宋代，拒马枪就多以竹子为材料。竹子比木头轻便，用铁索把削尖的竹棍串联起来，便于布阵立营。

2. 铁蒺藜

铁蒺藜是一种长得像蒺藜的金属物品，因为有很多凸出的尖锐铁刺，所以又被称作"扎马钉"。铁蒺藜的结构比较简单，通常由数根长约几厘米的铁刺组成。有些铁蒺藜中间有孔，人们可以用绳子把多个铁蒺藜串联起来携带。

铁蒺藜通常被设置在浅水处、交通要道上和营地周围，这些地方不易被察觉。铁蒺藜能有效延缓敌军行动，而且对敌方有一定的杀伤力。

3. 鹿角木

鹿角木比较好理解，就是一种长数尺的鹿角形器械，通常用木头制成。在布防时，可将鹿角木插入土中一尺多深，阻挡敌方骑兵来犯。如果将鹿角木布置在营地周围，还可以有效防止敌军偷袭。

4. 绊马索

绊马索算是障碍器械中最简单的一种，用以拖绊马足。人们事先藏在敌人经过的道路两旁，手中执一根结实的绳子或锁链的一端。当敌人的骑兵经过时，两边的人员同时拉起绊马索，就会让战马失蹄，骑兵落马。

除了上述常见的直接阻敌的障碍器械，人们还会通过挖陷马坑、设置机桥等方式来阻止敌军进攻。

陷马坑是一种比较深的大坑，坑底布满鹿角枪和竹签，这些鹿角枪和竹签都被火烤过，十分坚硬。陷马坑布置好后，人们会在坑上铺些杂草来迷惑敌人。陷马坑一般设置在敌人通行的道路上和城门内外两侧。

机桥也是一种陷阱装置，通常设置在壕沟上。从表面上看，机桥与普通的桥没有区别，但当敌军踩到机桥上，机桥就会立刻翻转，敌人也随之掉入壕沟。

除了上述所讲的，中国古代的障碍器械还有很多。这些器械是中国兵家智慧的结晶，也是后世研究古代战争实况的重要资料。

第三章

古代火器

一、古代火器发展史

火器，通常被称作"热兵器""热武器"。与冷兵器相比，火器的杀伤力更强。随着时间的推移，火器逐渐取代了冷兵器，成为战场上的主角。

火药的出现，离不开秦汉时期的炼丹家。没有炼丹家对炼丹的执着，可能火药的出现会延迟数个世纪，也可能火药根本就不会出现在人们的生活中。

秦王嬴政称帝之后，开始疯狂地寻求长生不老的方法。当时，一些方士为了荣华富贵，决定迎合秦始皇的需求，开始炼制"长生不老丹"。汉武帝同样追求长生不老。至魏晋南北朝时期，各帝王依然疯狂追求长生不老。因此，炼丹家的活动一直未停止。在炼丹过程中，炼丹术逐渐发展，而炼丹过程中的意外让人们发现了火药。

火药最早被投入战争是在唐朝末年。唐哀帝天祐四年（907 年），杨行密的部将郑璠在进攻豫章（今江西省南昌市）时曾使用"发机飞火"。这是我国历史上将火药应用于军事的最早记载。

到了宋代，火器逐渐发展起来。当时，北宋经常与北方游牧民族发生冲突，因兵士素质不及对方便决心提高兵器质量，开始研究起兵器的创新来。

朝廷设立了兵器监管部门，同时集思广益，让"天下知军器利害者"去有关部门献计献策。若计策被采纳还有奖赏。如此一来，各地的人才纷纷前往京城献策。很快，朝廷就掌握了许多火器的制作方法。

比如，开宝三年（970年），兵部令史冯继升进献了火箭制作法；咸平三年（1000年），神卫水军的唐福向宋真宗进献了火箭、火蒺藜等火器，因此获得了奖赏；咸平五年（1002年），冀州团练使石普等人向朝廷进献了火球与火药的自制方法。宋仁宗时期，曾公亮等人奉命将宋朝武器进行总结并编纂成书。这部书便是对后世有深远影响的《武经总要》。

总结来说，宋朝的火器主要可分为以下三种。

1. 毒药烟球

虽然毒药烟球被归入火器类，但其实它更像是中国最早的生化武器。当时，人们会将多种材料，如草乌头、焰硝、桐油、硫黄、沥青、巴豆、木炭末、狼毒等，按照一定的配比，放置在球形容器中，然后在球形容器外部包一层纸，涂覆上木炭末与沥青等物。用时，先用火锥烙透外壳，然后用投石机等投射装置将其抛射出去。这种烟球冒出的烟雾毒性极强，只要吸入口鼻就会出现四肢瘫软、皮肤溃烂等症状。与毒药烟球类似的火器还有各种烟幕弹和霹雳火球，此处不再赘述。

2. 火箭

宋代之前，人们就已经使用带火的箭攻击敌军了。不过，宋代出现了一种燃烧箭，增加了火箭的燃烧时长，箭上还可以挂些小型火药包与烟雾包，非常适合攻击战壕里的敌军。

3. 突火枪

南宋时期，人们研制出一种可以随身携带的火器，叫作"突火枪"。这种火器用竹子做枪身，竹管内部塞有火药和子弹。点燃引线后，火药喷发同时将子弹射出。这种突火枪射程比较远，也十分轻便，是后代管形射击火器的前身。

宋代将火药用于兵器制造，

突火枪

是兵器发展史上的里程碑。此后，冷兵器时代结束，火器与冷兵器并存的时代开始。

元代时，火器进一步改进，突火枪被改为金属铸造的火铳，威力大幅提升。

明朝建立后，火器的发展更上一层楼。这时，杀伤力极强的火炮出现了。火炮射程远，攻击效果极佳，于是被广泛应用于攻城战与海战中。

清朝后期，中国火器的发展明显进入停滞状态。嘉庆年间，朝廷曾斥巨资改造明代的"神枢炮"。可惜，改造后的火炮性能不但没有得到提升，反而还不如原来的。到了鸦片战争时期，中国自身的火器发展就此停止，而西方火器却发展迅速。

中国原本是火药的发源地，但在清朝时期火器的制造和研发不进反退，让人颇为惋惜。

二、火　箭

现代火箭指的是实现航天飞行的飞行器，而中国古代最早的火箭指的是在箭杆前部绑有引燃物的"燃烧箭"。从此火箭到彼火箭，经历了一个漫长的时期。

"火箭"这个词最早出现在三国时期。《三国志·魏明帝纪》中裴松之注引《魏略》："亮自以有众数万，而昭兵才千余人，又度东救未能便到，乃进兵攻昭，起云梯冲车以临城。昭于是以火箭逆射其梯，梯然，梯上人皆烧死。"那时的火箭其实就是一种燃烧箭，即在普通箭的前端绑上引燃物，点燃后借助弓弩射出。唐末时期，人们用火药代替了引燃物，依然利用弓弩将其发射出去。

北宋时期，中国出现了由火药喷射推进的火箭。开宝八年（975 年）宋灭南唐时，曾用到过这种火箭。之后，这种火箭在军事上得到了广泛的应用。在与金、元的交战中，宋军就经常使用此类火箭。

后来，随着元军西征中亚和西亚，中国的火箭技术传播到阿拉伯国家。欧洲人则是在与阿拉伯人交战时才接触到火箭技术。自此，中国的火药、火箭技术在世界各地传播开来。

明朝时期，火箭被看作决胜型兵器的一种。《武备志》中记载了多种火箭，其中一种名为"火龙出水"的水陆两用火箭非常出名。

"火龙出水"，就是用一根五尺长的竹筒去节作为龙身，前后各装木制的龙头和龙尾。龙体内装有数支火箭，火箭的药线连在一起，从龙头下部的一个孔中引出。龙体外龙头龙尾处共装有四个火箭筒，它们的药线汇总在一起，与龙体内火箭的药线连在一起。使用时点燃龙体外的火箭，火箭推动龙体飞行。在飞行

"火龙出水"

的过程中，龙体内的火箭被点燃，从龙口处喷射而出，继续飞行，直至杀伤目标。"火龙出水"有单发、多发之分。

单发就是每次只发射一支火箭，多发则是在一个火箭筒内发射数支甚至数十支火箭。

明代的火箭发射装置主要有发射架、发射格、发射筒和槽形发射器四种。其中，槽形发射器又被称作"火箭溜"，是一种很先进的火箭发射装置，被认为是现代火箭发射装置的雏形，能够赋予火箭一定的射向和射角，提高命中率。明代还出现了管形火器发射器，可以用来发射"神枪箭""火弩流星箭"等。

到了清代，虽然清政府也会使用火箭作战，但他们并没有继续钻研此方面的技术，仍延续了明代火箭的用法。鸦片战争之后，随着火药技术的发展，火箭逐渐失去军事意义，慢慢地退出了历史舞台。

三、火铳

火铳是一种金属管形射击火器，也是元明时期常见的热兵器，是在南宋长期使用的各种火枪的基础上，随着火药性能的提高而逐步发展起来的。

自唐代开始，人们逐渐将火药用于兵器制造。南宋高宗时期的陈规发明出一种管形火药火器——火枪。火枪是一种用长竹管做筒，然后在里面填充火药，使用时从尾部点火，将燃烧的火药喷向敌人的兵器。这种兵器喷出的火焰可以烧伤敌人。

在南宋理宗开庆年间，突火枪出现了。突火枪用大竹筒制作，里面会放置用火药制成的"子窠"（最早的子弹）。点燃突火枪后，火焰会率先喷射，然后子窠发射而出，并发出隆隆的响声。突火枪已经具备了管形射击火器的三要素——身管、火药和弹丸。

突火枪一直是各国火器研究专家重点研究的对象，它被认为是世界上最早运用射击原理（用管形射击火器来发射弹丸）制作的兵器。

元明时期，管形火器得到发展。火枪等由竹管改为金属管，起初是用铜铸造，后改为铁铸。"火铳"这个称谓也随之出现，专指这类火器。此时的火铳不仅能装火药，还能装球形铁弹丸。可以说，火铳的发明与使用，是中国古代兵器的一次重大变革。

从出土的火铳来看，元代的火铳由前膛、药室和尾銎三部分构成。元代火铳一般可分为四种：第一种是单兵使用的手铳，第二种是多管铳，第三种是盏口铳，第四种是用在水战和城防之中的碗口铳。总体来看，元代的火铳还是比较粗糙的。

到了明代，火铳开始飞速发展起来。除了原有的铜火铳，此时还出现了铁火铳。明代官方制造的火铳有统一的编号，如"天字三万四千五百四十九号""天字六万五千八百七十六号"等。由此也可以看出，明代生产火铳的数量是十分惊人的。

　　明代的火铳不仅数量庞大，而且种类繁多，有单发火铳与多发火铳之分。单发火铳又可以分为手把铜铳、手把铁铳和单眼铳等。多发火铳则可以分为三眼铳、五眼铳、七星铳和夹把铳等。多发火铳的出现，标志着明代火铳的制造技术达到了一个全新的阶段。

　　十五世纪之后，西方的热兵器快速发展。明嘉靖年间，佛朗机炮和火绳枪传入中国，兴盛两百余年的火铳逐渐没落，在军中退居次要地位。后来，随着鸟枪的大规模使用，火铳这种兵器逐渐退出了历史舞台。

四、火 炮

火炮是中国古代一种大口径、大重量的金属管形射击火器。

火炮是中国传统火器中威力较大的管形射击火器，由身管、炮尾、药室、火门等部分构成。火炮大多是前装滑膛炮，可以发射石弹、铁弹、铅弹、爆炸弹等多种弹药。火炮体形大、重量大、口径大，因此大多配备专用的炮车与炮架。

火炮在元代被称作"火铳"或"火筒"，迄今为止世界上发现的最早的火炮是元大德二年（1298年）的铜火铳。到了明代中期，火炮才有了"炮"这个名字。明朝时，炮不但在陆战中发挥重要作用，还被广泛应用于水战。

明代盛行铜火炮和铁火炮。明朝初期，人们制造出一种直筒形的铜火炮。河北省宽城满族自治县就出土过一门洪武十八年（1385 年）造的直筒形铜火炮。这门火炮口径10 余厘米，全长 50 多厘米，重 26.5 千克，药室处还有宽厚的箍。

后来，火炮不断发展。到了嘉靖年间，人们又制造出一种虎蹲炮。这种虎蹲炮长约 60 厘米，重约 21.5 千克，底座配备了铁爪、铁绊。在发射炮弹前，人们会用大铁钉将虎蹲炮固定在地上。这款火炮被固定在地上的样子很像猛虎蹲地，因此被称为"虎蹲炮"。

虎蹲炮

根据《明会典》的记载，嘉靖四年（1525 年），人们制造出"毒火飞炮"，炮筒用熟铁制造而成，筒内装有十余两火药，炮弹由生铁熔铸而成，炮弹内部装有"砒硫毒药五两"。点燃之后，炮弹飞行二百米左右后爆炸，炮弹碎片能击伤数名敌军。这是我国有记载的最早的爆炸弹。

万历年间，大量长身管形火炮被制造出来。比如，万历二十年（1592 年），人们在杭州制造了一款长身管形火炮，名为"天字一百三十五号大将军"。这款铁炮口径约

11厘米，全长143厘米，身管长度与口径的比值明显增大。这款铁炮的炮身有九道箍，还铸有炮耳，炮耳上有两个铁环。万历年间，明军支援朝鲜时就使用过这种铁炮。

十六世纪时，欧洲的火炮传入中国。当时，比较有名的火炮有佛朗机炮和红夷大炮。

佛朗机炮是从葡萄牙传入中国的火炮。它是一种子母炮。母炮身管较为细长，口径较小，有可以瞄准目标的准星和照门。母炮的炮身有"巨腹"，腹上开有长孔，可以用来填充子炮。子炮是一种小型火炮，通常有五到九门。子炮可以提前装填弹药，发射时能做到轮流发射。《明会典》中就有大量关于佛朗机炮的记载。

红夷大炮是一种从荷兰传入中国的大型西洋火炮。《明史·兵志》记载："大西洋船至，复得巨炮，曰红夷。长二丈余，重者至三千斤，能洞裂石城，震数十里。"红夷大炮同样配备准星、照门。与佛朗机炮相比，红夷大炮的管壁更厚，口径更大，能承受更大的膛压，可以说是当时威力最大的火炮。

明朝末期，朝廷为了抵御后金军的进攻，令徐光启等人大量仿制红夷大炮。崇祯二年（1629年），徐光启督造了四百多门红夷大炮，两广总督王尊德也前后监造了五百多门大中型西洋火炮。不久，后金军也开始研制和使用红夷大炮，他们还给红夷大炮改了个名字，称其为"红衣大炮"。

十九世纪五十年代，清政府开始大量采买西方火炮。洋务运动开展之后，清政府也创办了一些近代军事工厂。从此，中国古代火炮逐渐退出历史舞台，而近代火炮则徐徐登场。

五、喷火筒

喷火筒是一种管形喷射火器，有轻型喷火筒与重型喷火筒之分。使用时，可以根据具体情况，在喷火筒中加入毒火药、烂火药（会让人皮肤溃烂的一种火药）等，以此增强喷火筒的威力。

喷火筒是中国古代火器之一，通常用竹或木制成。这种兵器通常用在攻守城寨、野战和水战中。

早在宋代时就已经有了火焰喷射器，《武经总要》中的"猛火油柜"就是一种火焰喷射器。但是猛火油柜体形笨重，不便于携带，只能用于守城和水战。明代时，随着科学技术水平的提高，以及出于战争的需要，人们研制出了便于携带、威力更猛的喷筒火器。

明代兵书中记载的喷筒火器有十来种，主要有毒药喷筒、毒龙喷火神筒、神火喷筒、满天喷筒等。

1. 毒药喷筒

毒药喷筒通常使用直径约两寸的竹筒制成，筒身长约两尺，外部用麻绳紧紧缠裹。筒下端会接上长五尺左右的木柄或竹柄。在往筒内装填弹药时，先放炭多硝少的燃烧剂，然后放喷射药，最后放毒药饼，如此为一层，一共要装五层。喷射药的装配量要根据竹筒的粗细和毒药饼的大小来定。毒药喷筒喷射出的火焰，最远可以达到十丈。如果用它来射击船帆、船篷等目标，可以使目标瞬间燃烧，释放出的毒烟则可以让敌人中毒身亡。

2. 毒龙喷火神筒

毒龙喷火神筒是专门用来攻城拔寨的大型喷火筒，所用竹筒长三尺左右，里面填装了毒火药与烂火药。使用时，将毒龙喷火神筒悬挂在竹竿上，对准敌人城墙的垛口燃放。毒龙喷火神筒喷射出的火焰可以灼伤敌人，释放出的毒烟会让敌人中毒昏迷，是一种杀伤力很强的火器。

3. 神火喷筒

神火喷筒是一种非常轻便的火器，通常由单兵使用。神火喷筒的筒身是竹质的，后面会装配硬木柄，筒内装有火药和毒药。与敌人近身作战时，点燃神火喷筒对准敌人喷射，被喷射中的敌人会肌肤溃烂，甚至露出骨头。

4.满天喷筒

满天喷筒与神火喷筒一样，也是一种轻巧便携的火器。满天喷筒用竹木制成，筒内装有火药和毒药，使用者通常会把它固定在长枪的枪头上。作为一种防守型火器，满天喷筒通常在守城时被使用，使用者会将其对准攻城的敌军喷射，从而造成杀伤。

明代对军用火器的制造极为重视，此时火药的制造技术已经相当成熟，以火药为基础的火器层出不穷。无论是喷火筒还是火炮，都是当时威力极强的火器。但是，随着时间的推移，红夷大炮等更先进的兵器出现，替代了射程和威力远不如它们的喷火筒。曾经盛极一时的喷火筒逐渐淡出了历史的舞台。

六、地雷与水雷

地雷，顾名思义，是一种放在地面上或埋在地面以下的爆炸性火器。水雷与地雷类似，是一种放置在水中的爆炸性火器。

地雷是中国古代兵器中的一项重要发明。地雷由外壳、装药、发火装置三部分组成，通常用来阻挡敌人前进，炸伤、炸死敌军人马或摧毁敌人防御设施。地雷从明朝开始盛行，种类较多，包括生铁雷、陶瓷雷与石雷等。

生铁雷是用生铁铸造的地雷。这类地雷包括无敌地雷炮、伏地冲天雷、炸炮等。《武备志》中记载了无敌地雷炮的制造方法："炮用生铁熔铸，以极圆为妙，容药一斗，或五升，或三升。量炮大小（神火、毒火、法火合宜而用），以坚木为法马，分引三信，（以防闭塞）合通火窍。"由此可见，生铁雷的装药量比较大，因此威力也大。在使用生铁雷时，人们通常会使用三根引线，以免出现哑火情况。

陶瓷雷是一种用瓷坛制造的地雷：先在瓷坛里装入火药，然后安装引信，最后用土把坛口填实。陶瓷雷通常埋在敌人出没的地方，上面覆盖一些鹅卵石做隐蔽物。引爆后，陶瓷片和陶瓷雷上方的鹅卵石四处飞射，杀伤力很大。

陶瓷地雷

石雷，顾名思义，就是用石头制造的地雷。石雷威力比较小，构造也比较简单。关于石雷的制造方法，《武备志》中记载："用石造圆形，大小不等，腹中凿空，装炸药满，杵实九分，入小竹筒一节，入引线，用纸隔药，上少覆干土，土上用纸觔泥，泥平，盘药线于上。"石雷的使用方法也很简单，人们会在交通要道或敌人的必经之路上挖一个坑，坑里埋上石雷，石雷上覆盖碎石，然后用盘香等引爆。

明朝的地雷有很多种发火装置，如人工点火引爆法、钢轮发火引爆法和藏伏火种引爆法等。人工点火引爆法，就是提前安装一条长长的走线，每颗地雷有一根分线，等敌人进入雷区后，点燃走线，就可以将地雷引爆。钢轮发火引爆法是在敌人必经之路上挖坑，放入地雷，然后将引爆药槽接到钢轮上，埋上土。敌人走进雷区时，踏动发机，就会引爆地雷。藏伏火种引爆法，就是在敌人经过之处挖坑，将地雷埋入土中，表面不留痕迹；然后用火盆盛装火种，放在地雷上；最后，将刀枪插在火盆之上。敌人来时必拔刀枪，刀枪拔起，火盆倾覆，火种倒在引线之上，地雷也会随之引爆。

水雷与地雷类似，它最早是一种布置在水下的爆炸装置，用来炸毁敌人的船只。水雷也是明朝出现的一种爆炸性火器。早期的水雷实际上就是一种防水的炸弹，需要人将引信点燃后扔到敌船上或敌船附近。《武编》记载："水底雷，以大将军为之。埋伏于各港口，遇贼船相近，则动其机，铳发于水底，使贼莫测，舟楫破，而贼无所逃矣。用大木作箱，油灰粘缝，内宿火，上用绳绊，下用三铁猫坠之。"文中的"水底雷"是世界上最早的人工控制、机械击发的锚雷。

明朝万历年间，施永图在《心略》一书中记载了一种可布置在水上用燃香做定时引信的漂雷，名叫"水底龙王炮"。这种水雷的外壳用牛尿脬制成，内装五升到十升的火药，炮口用香头引火，长度可以根据目标的远近进行调整。牛尿脬与浮于水面的木板连接，并用羊肠作为通气管给香火通气，这样可以使得燃烧起来的香头不易熄灭。用时，将其放入水中，让其顺流漂下，信香燃尽后自行引爆。

除了水底龙王炮，明朝时期还有许多其他水雷，如悬雷、海炮等。这里不再赘述。

地雷和水雷都是中国古代制造并广泛使用的爆炸性火器，在我国古代战争中发挥了巨大作用。到了清朝，由于统治者不重视火器的研究和开发，地雷和水雷的制造与创新也陷入停滞状态。

第四章

古代防护类
兵器

一、古代防护类兵器简述

中国古代将士的防护类兵器多指用来阻挡外来攻击以保护身体的器具，主要有两种：一种是穿戴在身体上的甲胄；另一种是拿在手里的盾牌。除了甲胄和盾牌，其余防护类兵器都是兼具攻击性质的。

中国古代兵器种类众多，其中不以攻击为目的，而是专注于防守的兵器，被称作"防护类兵器"。这类兵器分为两种，即甲胄与盾牌。下面，我们就来简单介绍一下这两种防护类兵器。

1. 甲胄

作为防护类兵器，甲胄在冷兵器时代一直扮演着十分重要的角色。它可以在一定程度上保护将士们的身体免遭敌人武器的重创。有了甲胄的保护，将士们的战斗力大大增强，伤亡率极大降低。

甲胄经常被称为"铠甲"，但其实，"铠"和"甲"都是保护头部以下身体的防具，主要保护胸腹部位；"胄"则专指保护头部的帽子。受材料与技术的限制，早期甲胄的制造工艺显得简陋、单调。最早的甲胄是用兽皮、藤蔓制造而成。这类甲胄只能防御一些粗糙的兵器。随着进攻型兵器的不断完善，这类原始甲胄逐渐被淘汰。

到了春秋战国时期，造型精致的缝制皮甲出现了。《考工记》中记载了当时皮甲的制作工艺："函人为甲，犀甲七属，兕甲六属，合甲五属。犀甲寿百年，兕甲寿二百年，合甲寿三百年。凡为甲，必先为容，然后制革。权其上旅与其下旅，而重若一，以其长为之围。凡甲，锻不挚则不坚，已敝则桡。"这段话中的"属"，意为"连接"，几属指甲片从上到下连接几次，或从上到下几组甲片相连。

《荀子·议兵》也说道："楚人鲛革犀兕以为甲，鞈如金石。"这话的意思是，楚人用鲛皮、犀皮和兕皮制成的皮甲如同金石一般坚固。可见，皮甲的防御力并不像我们想象得那样薄弱。

除了皮甲，春秋战国时期皮胄也极为盛行。湖北随州曾侯乙墓就曾出土了用十八片甲片制成的皮胄。

可以说，春秋战国时期，皮甲胄的发展达到鼎盛。这一时期，表面涂漆的札甲成为流行的甲式。札甲的甲片为大块的长方形，袖甲的甲片比较小，这些甲片被编缀起来，从下到上层层覆压，以便臀部的活动。

秦朝之后，甲胄变得越来越具有中国传统特色，各朝代的甲胄也成为军事家研究中国古代防护类兵器的重要资料。

2. 盾牌

盾牌是中国古代重要的防护类兵器之一。中国古代的盾牌种类很多，包括长盾、车盾、旁盾、步盾等。为了方便批量制作，也为了更好地抵御敌人的进攻型兵器，盾牌通常被设计成圆形、长方形或梯形。

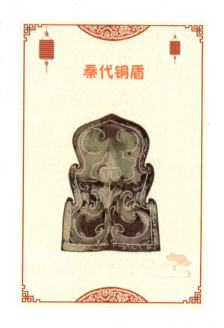

秦代铜盾

人们通常将盾牌与进攻型兵器如刀、剑等配合使用。盾牌的用法主要有蹲、窜、滚、扑、腾、伏、踔等。后面，我们将会详细介绍各朝代盾牌的具体制式。

毫无疑问，中国古代防护类兵器是中国兵器史上的重要一环，也是后世研究中国古代兵器不可忽略的重要内容。

二、先秦时期的甲与胄

甲在先秦时期又被称作"介""函"；胄在先秦时期被称作"胄"，战国时期称"兜鍪（móu）"。

甲的历史十分悠久，早在远古时期，我们的祖先就已经开始用兽皮、藤条、树皮等来制造各种甲了。当时的进攻型兵器主要是石器与骨器，皮甲和藤甲完全能满足人们的防护需求。

相传，甲是由蚩尤部落所创制。目前，人们所见的最早的甲，是在商朝墓中发现的皮甲。藤甲的使用应当比皮甲更早，只是藤甲极难保存数千年，所以我们只能从一些文献中推测出藤甲最初的模样。

早期的甲是披挂式造型，人们只在前胸、后背和腰腹部挂上遮挡物。这样既可以保证身体的重要部位免遭兵器伤害，也可以保证四肢活动通畅。

商朝人使用的甲片通常是用整块皮革制成的。河南安阳侯家庄 1004 号墓中发现的商代皮甲残迹中，有一处最长尺寸为 40 厘米。这也进一步证明了商代的皮甲为一整块甲片。不过，由于皮革已经腐烂，只有用红、黑、白、黄四种颜色绘成的纹饰留存于土壤中。

整块皮革做成的甲不利于士兵活动，于是人们将整块皮革改为小块皮革拼接。位置不同，甲片的形状和大小也不相同。甲片上有孔，人们可以用绳子穿过小孔，将甲片连缀起来。当然，这样的皮甲牢固性并不算强。所以，人们还会用双层或多层皮革来缝制皮甲，大大增强了皮甲的防护性和牢固性。

随着青铜冶炼和铸造技术的成熟，青铜铸造的甲开始出现。人们在甲的前胸、后背等处增加青铜兽面防护装饰。这样既能恐吓敌人，也能更好地防护身体的重要部位。二十世纪七十年代山东省胶县（今胶州）西皇姑庵西周时期墓葬中就出土过一件青铜兽面甲。

春秋战国时期，攻击型兵器变得越来越锋利。为了适应这种情况，人们将皮甲做得更加坚固。同时，人们制造的皮甲护体面积大幅增加，形成了由胸甲、背甲、肋甲和肩甲组成的全甲。春秋末期，人们开始用铁制甲。到了战国时期，铁甲的使用已经非常普遍了。战国时期的铁甲多以铁制成鱼鳞或柳叶状甲片，经过连缀组合而成。

说完甲，我们再来看看胄。胄的出现时间与甲相近，相传，它也是由蚩尤部落最先发明的。上古时期的胄会装饰兽角，兽角既有攻击性，又能恐吓敌人。

新石器时代，胄主要是以藤条或兽皮制作而成的。到了商周时期，青铜胄开始普及。目前，我国发现的最早的青铜胄是商代的。这些胄在设计上与封建社会的盔类似，但上面铸有各种恐怖的兽面或鬼面纹饰。

青铜胄通常重二三千克，额头部位的中心线上有青铜雕刻的兽鼻。兽鼻两侧是硕大的兽目与兽眉。兽鼻的下方是胄的露口，可以露出士兵的面孔。在露口周围，铸成兽嘴模样，看上去十分可怖。后来，随着青铜器与商周的逐渐消亡，这种兽面青铜胄也慢慢消失在历史洪流中。

商代铜胄

战国时期，除了皮胄和青铜胄，还出现了铁胄。因为它的外形很像当时的饭锅——鍪，所以被称为"兜鍪"。人们在河北省易县燕下都遗址中首次发现了兜鍪实物。全兜鍪有八十九片铁札叶，札叶之间用丝绳或皮条编缀。自顶至底共七层札叶，均为上层叠压下层，前面叠压后面，结构非常巧妙。兜鍪内残留有织物痕迹，原来应该有柔软的垫套，用来防止磨损将士的头部与面部。

兜鍪的出现，标志着我国古代的防护类兵器进入了一个新的发展阶段。

三、秦汉时期的甲与胄

秦汉时期，甲通常被称作"铠"，胄通常被称作"兜鍪"。这一时期，铁铠逐渐代替了皮甲，成为主要的防护类兵器。

从秦朝初期到东汉末年，随着冶铁技术的不断发展，将士的甲基本上变为铁质。

西汉时期，人们将铁铠称作"玄甲"。玄是黑色的意思，"玄甲"就是指黑色的铁铠。霍去病去世时，为了悼念他，汉武帝特意"发属国玄甲，军陈自长安至茂陵"。玄甲军就是穿着黑色铁铠的军队。西汉时期，以玄甲军送葬是极为隆重的葬礼仪式。

我国考古学家曾多次在汉墓中发掘出铁铠甲片。早期的汉墓中，铁铠甲片十分粗糙；东汉时期的墓葬中，铁铠甲片已经变得十分精致考究。这些考古发现意味着，铁铠在秦汉时期经历过一番演变。

秦朝初期，人们还习惯使用长条甲片编制札甲。到了秦末汉初，用小型甲片编制的鱼鳞甲开始流行起来。鱼鳞甲做工十分精致，除了能保护人的前胸、后背、肩膀，还能保护人的腰胯与臂膊。

内蒙古呼和浩特曾出土过一件西汉时期的铁铠。它由六百多片甲片编制而成，重二十多斤。河北满城西汉刘胜墓中出土过一件鱼鳞甲。这件铁铠共有两千八百五十九片甲片，重三十多斤，做工异常精美。

汉代铁质铠甲不仅工艺精湛，而且材质优良。从出土的铠甲来看，汉代的甲片含碳量很高，表面使用了淬火技术，不仅十分坚硬，而且富有韧性。用这种甲片制成的铠甲能在保证士兵四肢活动自如的基础上，阻挡尖锐的兵器刺入体内。

与甲相配对的胄，在秦汉时期也获得了极大的发展。在秦始皇陵陪葬坑中，专家发现了一百多件石甲胄，其中胄占了四十多件。

不过，根据相关文献的记载，这种石胄并不适用于秦朝的作战环境。石胄很容易破碎，而且延展性很差。所以有人认为这些石胄主要是为了与兵马俑配对而制。在实际作战中，秦军士兵会使用皮胄与铁胄（兜鍪）来保护自身头部的安全。

从秦始皇陵发掘出的甲胄来看，不同身份、级别的将士，所穿的甲样式是不同的，区别较大，所戴的胄样式区别却不大。到了汉代，由于冶铁技术飞速发展，兜鍪变得相当完善。而且，汉代兜鍪的生产量很大，尤其是东汉时期。刘盆子率领二十万人向汉光武帝刘秀投降时，宜阳城西便堆放着大量兜鍪。

秦汉时期的甲胄对后世影响深远，也是今人研究古代防护类兵器的重要资料。

四、东汉末年到隋唐时期的甲与胄

东汉末年，人们开始使用"钢"这种特殊材质来制造甲胄。钢的出现，赋予了甲胄新的生命，也让防护类兵器有了更多的可能性。

从东汉末年到三国并立，到魏晋南北朝，再到隋唐时期，中国处在一个分分合合的阶段。这一时期，甲胄的造型与制式多种多样。

三国时期，上好的铠甲都是通过"百炼钢法"锻造而成的。相传，诸葛亮曾下令制造"五折钢铠"，这种"五折钢铠"要将钢材反复锻打五次方能制成。还有一种叫作"筒袖铠"的铠甲，相传也是诸葛亮所创。实际上，这种铠甲在汉代就已经出现了。河南省陕州区刘家渠东汉墓出土的陶楼持弩守卫所穿的就是筒袖铠。这种铠甲能抵御箭矢，甚至"二十五石弩射之不能入"。

魏晋南北朝时期，政权林立，战争频繁，北方民族纷纷南迁。北方民族多用骑兵作战，促使有关骑兵作战的军事装备不断发展完善，适用于骑兵的铠甲"两裆铠"应运而生。两裆铠是由一片背甲与一片胸甲缝制而成的铠甲，两片甲在肩部用带系连，腰上束带。背甲和胸甲上的甲片有鱼鳞形的，也有长条形的。两裆铠下方有类似短裤的两裆造型，因此而得名。

虽然两裆铠是专门为骑兵研制的，但实际上，在南北朝时期，步兵也很喜欢穿这种铠甲。他们通常将两裆铠穿在里面，然后在外面套罩衣、袍子或披风等衣服，到了战场，将外面的衣服一脱，就可以立刻投入战斗。到了唐代，两裆铠仍然很流行。不过，唐代的铠甲种类很多，除了两裆铠，还有其他铠甲可以选择。

根据《唐六典》的记载，唐代的铠甲一共有十三种，分别是明光甲、光要甲、细鳞甲、锁子甲、白布甲、山文甲、乌锤甲、皂绢甲、布背甲、步兵甲、皮甲、木甲和马甲。从铠甲的材质来看，唐代的铠甲有皮质、铁质和绢布质等。在众多铠甲中，最

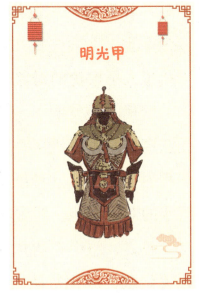

明光甲

为出名的当数明光甲。

明光甲的前胸与后背各安装了一块像镜子一样的金属圆片，这种金属圆片被称作"护心镜"，在太阳的照射下能闪闪发光。明光甲也因此而得名。除了护心镜，明光甲的甲片都经过了抛光处理，也是闪闪发光的。

锁子甲也是一种十分有名的铠甲。它是用铁环层层衔接，互相紧扣，缀合而成的铠甲。这种铠甲柔软轻便，能阻挡一部分进攻型兵器的伤害。唐代大诗人杜甫写有诗句："雨抛金锁甲，苔卧绿沉枪。"一般认为，诗中的"金锁甲"就是用金线连缀甲片制作而成的较为精细的锁子甲。

唐代步兵甲也非常流行。步兵甲的基本形制是身甲的前后片在双肩的位置用带联扣，两肩所覆披膊作兽皮纹，腰带下垂，上面叠缀几排方形的甲片。唐代步兵甲，也是宋代步人甲模仿的对象。

唐代时还发明了一种纸甲，据说十分坚固，连猛箭都无法穿透。这种纸甲在江南地区比较普遍，可以用来防御远程射击武器。这种纸甲虽然以纸为原料，但兼具防火与防水的双重功能。润湿后，防护效果反而更强。

总之，铠甲在唐代获得了长足发展。根据《通典》的相关记载，唐代每队士兵的铠甲装备率能达到五分之三，而汉代每队士兵的铠甲装备率只能达到五分之二。

将士除了身穿铠甲，头上还要戴胄，也就是兜鍪。魏晋南北朝时期，兜鍪的使用非常普遍。魏晋时期的兜鍪多尖顶，顶心有高耸的缨饰，前额正中向下延伸遮挡住眉心。辽宁北票喇嘛洞十六国时期的三燕墓地出土的兜鍪还大致保持这种形制。南北朝时期，兜鍪的样式有所变化。此时的兜鍪后部多垂有保护颈部的顿项，联结左右两侧编缀的耳护，有的耳护有上下数重，有的兜鍪前额还有伸出向前的冲角。河北省磁县东魏尧赵氏墓出土的镇墓武士俑所戴兜鍪即为此种样式。

隋唐时期的兜鍪多圆顶，有些顶竖长缨，顿项与兜鍪的主体合为一体。陕西省礼泉县郑仁泰墓出土的武士俑所戴兜鍪显示出唐代兜鍪的样式：顶部由半球形金属片整体制成，下面由六片甲片编缀而成，护耳垂肩。到了唐代中后期，兜鍪的护耳翻转上翘并向两边斜卷，十分宽大，以保护头部和颈部。

甲胄是随着战争的发展而发展的，为了适应战争的变化，人们会创造出更加适合作战的制式。可以说，不同时期甲胄的发展与当时的科技水平和战争需求密切相关。

五、宋元时期的甲与胄

宋元时期的甲胄十分发达，尤其是宋代的各类重甲，几乎没有多少冷兵器能够穿透。元朝的骑兵十分厉害，骑兵的甲胄较步兵更为简便。宋元两朝的甲胄，为之后的明清甲胄打下了坚实的基础。

宋代铠甲承继于唐，但比唐代铠甲种类更全。宋代比较流行的铠甲主要有步人甲、瘊子甲、建炎明举甲、绸里明光细网甲、黑漆顺水山字铁甲和祥符钢铁锁子甲等。在这些铠甲中，比较有特色的当数瘊子甲。

瘊子甲是一种非常坚硬、精致的铠甲，是由羌人制造的具有少数民族特色的铠甲。瘊子甲的甲片柔薄坚韧，表面呈青黑色，但亮度很高，甚至能照出人的毛发。有人为了试验瘊子甲的坚硬程度，在五十步外用强弩射这种铠甲，结果弩箭都无法射透。曾有一支箭穿入了瘊子甲，可经过检查，这支箭其实是射到了瘊子甲上穿带子用的小孔里，而且箭镞还被钻孔刮削得反卷起来。可见，瘊子甲的坚硬程度非常高。

瘊子甲的甲片，需要用冷锻法打造。大致的方法是，厚的铁片不用火加热，而是直接冷锻，直到打到原来厚度的三分之一就成了。铁片的末端会留下筷子头大小的一块不锻造，用来检验未经锻打时铁片的厚度。这块区域，很像人皮肤上长的瘊子，瘊子甲因此而得名。

宋代的铠甲已经相当完善，而且宋代铠甲的制造和使用都有着严格的制度规定。因为铠甲十分坚硬，所以铠甲的内部加上了绸面的内衬，将士还会在甲衣里穿上一种叫作"胖袄"的棉衣，以防止磨伤皮肤。不过，"胖袄"不适合夏天穿。因为将士本就身披金属重甲，里面再穿着棉花内衬，太阳一晒，将士便如同身处蒸笼一般。

跟宋代铠甲比起来，元代的铠甲就要轻便许多了。元世祖忽必烈在征讨乃颜的时候，曾经赏赐给洪俊奇一副"翎根甲"。翎根甲分量轻、防护效能好，但是成本高昂，只有少数将领可以使用，其余将士一般使用绵纸甲、绢甲、毡甲等轻型甲。

说完铠甲，我们再来看看胄。

北宋以后的胄被称作"盔"。宋盔精致不张扬，以细节称王。最能反映宋代头盔制式的作品，要数北宋著名画家李公麟的《免胄图》了。虽然画作描绘的是唐代名将郭子仪，但甲胄样式完全秉承宋制。《免胄图》上，郭子仪的侍卫总共佩戴了凤翅盔、笠形盔、莲沿笠形盔、无名盔形四种盔。南宋时期，除了上述四种盔，宋军还装备一种形似范阳毡帽、边沿如睡莲叶般反扣的笠盔。

元代头盔有三种样式，一为沿袭中原王朝兜鍪样式，盔缨、盔体、抹额、顿项将头部紧密防护；二为笠形盔，和宋代笠形盔盔形基本相同；三为独创的"蒙古钵胄"，胄的主体以四片到五片皮革连接而成，整体呈现尖顶深钵状，其余部分包括眉庇（额前像帽舌的部件）、吹返（类似护耳的部件）、面当或颊当（遮蔽面部或面颊的部件）、喉轮（保护咽喉的部件）、顶饰缨枪（头盔顶部用以装饰的部件，金属制管，有的会在上面设置缨饰）及其他装饰性附件。此后的明清两代沿用了"蒙古钵胄"形制的头盔，清八旗头盔更是以这种形制为主。

六、明清时期的甲与胄

明清时期是铠甲从重到轻转变的一个重要时期，也是甲胄的最后辉煌时期。由于金属工艺的发展和进步，明代成为中国甲胄发展的成熟定型期。但随着火器的出现，柔软、轻巧、沾湿后还可以抵御初级火器的棉甲成为清代甲胄的主流。火器威力强大之后，甲胄最终被淘汰，退出了历史舞台。

明代军工业十分发达，甲胄除了沿袭元代的制式之外，还恢复了宋代的制式，并在此基础上有自己的创新和提升。明代对甲胄的制作要求极高，制作标准可以精确到甲胄每个部分的具体重量。因此，明代成为中国甲胄最经典、华美、威武的时代，直至现代，明代甲胄仍得以通过雕像、连环画、年画等艺术形式被后人描摹、欣赏。

大致上，明代铠甲可以分为四类。

第一是传统札甲。明代初期装备最多的依旧是铁甲片连接而成的传统札甲。相比于唐宋而言，明代札甲的甲片更加细小，大大提高了穿戴者的灵活性。札甲的分布状况呈现出北重南轻的特点，北方尤其是宣府镇、蓟州镇、辽东镇，士兵的披甲率都很高。

第二是锁子甲。明代继承了元代的四孔拉丝机技术，因此也能批量生产锁子甲。明代锁子甲分为披膊、前开对襟式身甲、下裙三部分。锁子甲一般不会单独装备，而是和札甲或布面甲搭配起来，组成复合甲。

第三是布面甲。将采摘的棉花打湿，反复拍打，做成很薄的棉片，把多张这样的棉片缀成厚实的棉布，在两层棉布之间放上铁甲，内外用铜钉固定，就做成布面甲了。布面甲也是铁甲，在明朝中后期成为主流，并直接影响了清朝的铠甲。

第四是棉甲。准备数斤棉花，用布缝制成夹袄，将棉花填充到夹袄内，用粗线将夹袄缝合，将缝合好的夹袄放入水中充分浸泡，然后将浸泡好的夹袄取出，铺在地上，用脚踏实，以不膨胀为度，将踏实后的夹袄晒干，即制成了棉甲。棉甲制作容易，价格低廉，且不像传统铁甲需要量身定做，方便大批量生产，对早期火器有一定的防护力（中弹后伤得不重）。

戚继光在东南沿海抗击倭寇时，南方多雨水，铁甲片容易生锈腐烂，因此他的军队装备的是棉甲中的"绵纸甲"。这种甲衣虽然分量轻，却能够有效防御敌人的鸟枪铅弹。

清代早期铠甲延续明制，多以布面甲为主，分为甲衣和围裳。甲衣的肩上装着护肩与护腋，前胸、后背各有一块金属护心镜，护心镜下前襟的接缝处佩戴一块名为"前挡"的梯形护腹，腰间左侧佩戴一块"左挡"，右侧没有佩挡，因为这部分要留着佩带弓箭等物。围裳分为左、右两副，直接系在腰间。左右两

副围裳的正中间，通常会覆有质料相同的虎头蔽膝。

到了清代中期，火器被大量使用，传统的铠甲既无法抵御枪炮的攻击，又影响行动，因此在乾隆二十一年（1756 年），内务府经过皇帝的同意，将京师八旗三分之一的铁甲改装为棉甲，又单造一万八千件棉甲。乾隆五十六年（1791 年），乾隆皇帝甚至直接在圣旨中说："即调派出兵，若穿带铁盔铁甲打仗，必致难于转动，此历来出兵之

人所深知。"因此在乾隆晚期时，铁甲已经完全被淘汰了。此后的清军，装备的都是各种棉甲。

至于头盔，铁盔属于明军主要的头部装备。明成化四年（1468年），兵仗局所监制记录的盔形中各种四瓣、六瓣、八瓣明铁盔占据了绝大多数。其次，钵胄也是明军装备使用的一种盔形。明代钵胄的顿项分为左、右、后三片，而元代钵胄的顿项为一体式带护喉的风格，这是二者最大的差异。另外，明代少数将领和锦衣卫中担负仪卫任务的御前大汉将军，头盔主要以凤翅盔为主。

到了清代，可能是出于统一制式的考虑，清军全部佩戴钵胄。不过和明代钵胄不同的是，清代钵胄的缨枪加高，装饰更为华丽，顿项也再次变为带护喉的蒙古式样。

明清时期，火器大规模用于战场后，能够有效抵御冷兵器的甲胄开始衰落。尤其是清朝末年，鸦片战争之前，军中还装备有人量甲胄。鸦片战争以后，军队中的传统甲胄逐渐减少。最终，在二十世纪初，甲胄退出了历史舞台，结束了它绵延数千年的辉煌。

七、最佳防护兵器——盾

盾，又称"干""牌""秉甲"，是古代重要的防护类兵器，通常为手持型。人们会将盾与刀、剑等兵器配合使用，还会在盾面上绘制各种标志和图案。

早期的盾主要是用竹子、藤蔓、木头和皮革制造而成的。后来，随着材料的不断丰富，人们开始用青铜和钢铁造盾。在形制方面，古代的盾主要有圆形、长方形、梯形和燕尾形等，也有些组织和部落会使用异形的盾。人们会在盾面上绘制各种标志和图案。

通常，盾的背后有可以持握的把手，外侧表面有一块金属的凸起固定板，可以用来保护手部。盾通身包裹一层或数层皮革，以此防止进攻型兵器的伤害。作战时，士兵将盾用皮带固定在手臂上。行军时，士兵则将盾内侧的皮带挂在背上。

传说，我国最早的盾产生于黄帝时期。《山海经》中，神话人物刑天一手操干，一手持戚。这里的"干"，就是最早的盾。

商代的盾，近似长方形，盾面刻有虎头、狮面等图案，看上去十分骇人。西周时期的盾分两类：车兵使用窄短盾，步兵使用狭长盾。步兵还可以通过将竖盾连锁的方式组成防御屏障。春秋时期的盾多为圆形，盾面中央外凸。战国时期盛行双弧形方盾，这种盾多用于近距离作战，有利于分散刺击的力量。

秦汉时期，除了沿用先秦时期的长方形皮盾、木盾，还出现了铁质的盾。西汉时，椭圆形盾出现了，骑兵可举盾抵御敌方进攻。魏晋南北朝时期，骑兵都披甲上阵，防护能力已经很强，故一般不用盾。

唐代的盾叫作"彭排"。《唐六典》中记载，唐军使用的彭排有膝排、团排、漆排、木排、联木排、皮排六种。其形制主要有两类：一是步兵使用的长方形盾；二是骑兵使用的圆形盾，有的呈椭圆形，形体较小。

宋代称盾为"旁牌"，木质，外蒙皮茸。小盾为圆形，较轻便，适合骑兵用，作战时可以将其套在左臂上，以抵御飞矢；大盾为长形，上尖下平，背面有戗木，使其可以立在地面不倒，适合步兵用。

元代的盾形制各异，主要包括旁牌、团牌、铁团牌等。元世祖忽必烈时出现了一种用时张开、行军时折叠的折叠盾。

明代时盾仍然是防护类兵器中的主流。明代的盾主要有手牌、燕尾牌、藤牌等，多较为轻便。明代还出现了一种与火器配合使用的攻守结合的盾。盾的背面藏有火器与弓箭，靠近敌人时，可用火器与弓箭进行攻击。

清朝沿用明朝的步兵盾。另外，清朝设有藤牌营，藤牌兵每人配一面藤牌、一把短刀，与长兵器兵种配合作战。

随着火器的发展和普及，盾的防护作用日益减弱。清末时，盾这种老式防护类兵器逐渐淡出历史舞台。

第五章

古代战车、战马与战船

一、古代的战车

中国古代不仅在小型兵器的制造和使用上取得了重大成就，在大型作战工具上也取得了丰硕成绩。中国古代大型作战工具主要是战车和战船。战车是专门为战争配备的各种车辆的总称，分攻、守两种。进攻型战车可以直接对敌作战，防守型战车则主要用于运输或屯守。

战车，又被称作"兵车""武车""轻车"或"革车"。相传，黄帝时期车就已经诞生了。当时，车主要用来运输物品。后来，运输物品的车转变成了原始的战车。

中国人早在先秦时期就已经使用战车作战。当时，车战是战争的主要形式之一。

1936 年，考古学家在河南安阳殷墟的车马坑中首次发掘出一辆商朝的战车。从出土于商周时期墓葬中的战车可以看出，此时的战车形制基本相同，都是长毂、两轮的独辕车。这种战车的车厢门开在后方。车辕的后端压置在车轴和车厢中间，并在车厢后稍微露出一点。车辕前部有车衡，衡上有两根可以束缚马匹的轭。为了增强战车的稳定性，战车的车毂通常比民用车的车毂更长。

根据记载，在牧野之战中，周武王使用了三百辆战车。周武王取得牧野之战的胜利后，率军讨伐殷商各部。在讨伐过程中，周武王的军队缴获了商朝各部近千辆战车。

西周时期，为了适应不同的需要，战车的划分越来越细致。根据《周礼》的相关记载，当时的战车可以分为苹车、阙车、轻车、广车和戎路五种。根据郑玄注的"苹犹屏也"的说法，"苹车"应该是一种防御型战车；"阙车"是一种用来警戒，或者用来补充资源和填补空缺的战车；"轻车"是一种方便驰骋的轻便战车；"广车"是兼具攻击与防守功能的防守型战车；"戎路"又被称作"戎车"，是天子或诸侯所乘坐的战车。

春秋战国时期，战车成了各诸侯国炫耀国力的标准。比如，晋国为了在平丘会盟中宣扬国威，出动了"甲车四千乘"。根据《史记·张仪苏秦列传》中的记载，战国时期，秦国、楚国、赵国均有"车千乘"，魏国和燕国则有"车六百乘"。从这些记载也可以看出，战车的多少已成为当时衡量各国军事实力的重要指标。

提到战车，就不得不提与之相匹配的马。战车每车配两匹马或四匹马。这四匹马，中间两匹称"两服"，外侧两匹称"两骖"，合称"驷"。每驾战车上，还会配备三名甲士。甲士按照左、中、右排列，左边的甲士是弓手，也是战车之首，被称作"甲首"或者"车左"；中间的甲士专门负责驾车，随身只带短剑或匕首；右边的甲士手执矛、戈，主要负责刺杀，也被称作"骖乘"或"车右"。

除了车上的甲士，每驾战车还会配备一定数量的"卒"。卒属于步兵，他们既是战士，也是战车的后勤人员。这种配置方式也体现出战车在军队中的重要地位。

随着时间的推移，战车开始走向衰落。秦汉之后，灵活性与机动性更强的骑兵逐渐取代了战车，车战这种作战方式也不再是主流。但是，战车没有完全消失，而是被保留下来并应用到后世战争中。

明朝时期，北方游牧民族的骑兵频繁侵扰边境，战车配合火器能发挥最大的制敌作用，所以朝廷热衷于制造战车。轻车、雷火车、全胜车、独轮车、独辕车、小火车、武刚车、偏厢车、先锋霹雳车等都是此时常用的战车。

明朝时冷兵器与火器的高度发达，也让战车的种类空前繁多。当时，有一类由冷兵器和火器组合而成的战车，这类战车包括万全车、架火器车、破敌风火鼎等。它们的构造是在轮子上安装大型木架，在木架上放置各类冷兵器与火器，用以杀伤敌军。当时还有一类纵火战车，包括火龙卷地飞车、扬风车、铁汁油车、行炉等。这类战车就是在车上装备各种燃烧火药、烧滚的油或烧熔的铁汁，用以烧退敌人。

不过，明朝时期最出名的还是炮车。明朝后期，人们将各类炮安装在车上。这类战车不但提高了火炮的机动性，而且增强了战车的威力与战斗力。

明代火龙卷地飞车

到了清朝，由于统治者并不注重火器的发展，战车的发展也迟滞不前。不过，战车作为中国冷兵器时代的重要兵器，在相当长的一段时间里都发挥了重要作用。

二、古代的战马与骑兵

在古代，马一直是重要的战略资源。在战场上，骑兵部队无论是机动性还是灵活性，都远胜于步兵，堪称冷兵器时代的战场之王，而骑兵部队的精锐与否，就与战马的优良程度息息相关。

马是一种较早被驯化的动物。一些学者认为，在中国古代，马被应用于战争中后，最早是用来拉车的，到了后来，才用于骑乘。也就是说，开始时，人们利用马拉车打仗，他们会将马套在双轮车上，然后互相交战，后来，才开始直接骑在马背上进行战斗。

拉车也好，骑乘也罢，人们都是利用马擅长奔跑的特点来增强军队的机动性的。所以，无论是以沉重的战车为主的时代，还是以轻便的骑兵为主的时代，战马都是不可或缺的重要军事资源。引进与繁殖优良马种，也成为我国历代王朝的重要国策。

中国的黄河流域是农耕区，这里优良战马较少，所以中原王朝需要引进游牧地区的马种。汉武帝时期，汉武帝便从西域引进了优质种马用以改良中原马匹。汉武帝为了获得汗血宝马，曾派使者前往大宛，结果使节被杀。汉武帝大怒，于是派李广利远征大宛，取良马还师。

唐代的统治者也很重视引进优良战马。《唐会要》记载："突厥马技艺绝伦，筋骨合度，其能致远，田猎之用无比，史记匈奴畜马。"这段话描述了突厥马匹优良的身体结构和工作性能。唐太宗生前骑乘过的马匹中，以"昭陵六骏"最为出名。这六匹马的马种均为突厥马或中亚马，可见游牧民族马匹的受欢迎程度。

宋代疆域比唐代小些，也没有唐代那样优良的放牧马场。宋代的军队只有一小批自养马，其余的战马全靠跟少数民族进行茶马交易获得。元朝统治者本就是游牧民族，因此他们对战马更加重视。元朝在全国建立了十四个官马场，用于养殖牲畜。可以说，元朝的军马基本上是自行繁育。到了明清两朝，其军马也多来自蒙古草原。

说完战马，我们来看看骑马必备的马具。马具中，最重要的当数马鞍。马鞍可以让骑马者平稳地骑坐在马背上，从而在作战中充分发挥自身力量。

马镫能帮助人上马，并且能在骑行时支撑骑马者的双脚，解放骑马者的双手。不过，在古代早期，骑马者是没有马镫可用的。赵武灵王推行"胡服骑射"时，骑兵也没有马镫可用，这就导致骑兵的灵活性与机动性大打折扣。到了西汉中晚期，马镫这种马具才逐渐兴起，中原骑兵的灵活性与机动性才大幅提升。

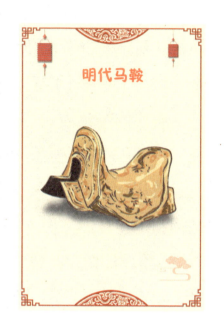

明代马鞍

说完马具，我们再来看看骑马的战士——骑兵。中国古代骑兵可以分为轻骑兵与重骑兵两种。轻骑兵身披轻甲或不披甲，战马不披甲；重骑兵则是人与马都披戴重铠，手拿长枪或长矛。轻骑兵的灵活性更强，适合长途奔袭；重骑兵更适合与敌交战，攻守两可。

随着骑兵部队的组建，军事家开始围绕骑兵制定战略与战术。骑兵的战术大多是围绕其机动性展开的，比如大迂回、大包围或长途奔袭。战国时期，在秦国与赵国的长平之战中，秦国名将白起就是利用五千骑兵截断赵军，进而取得战争胜利的。汉武帝时期，名将卫青、霍去病也是靠数万骑兵长途奔袭，采取迂回与包抄战术深入匈奴腹地，进而大破匈奴的。

　　鸦片战争后，专门的火器部队开始蓬勃发展，骑兵在战争中的战略优势和战略地位也就不复从前了。

三、古代木战船

战船是用于水上作战的船舶。我国的战船有着数千年的历史。早在八千年以前，我国先民就已经开始水上活动了。

我国古代典籍中有不少关于舟船发明的记载。比如，《易·系辞下》："伏羲氏刳木为舟，剡木为楫。"《淮南子》说古人"见窾（kuǎn）木浮而知为舟"。

浙江省杭州市萧山区跨湖桥遗址出土的独木舟距今已有八千多年。可见，早在新石器时代，我们的祖先就已经能制造船只了。从商朝的甲骨文中，我们可解读出商朝人进行水上活动的内容。商末周初时人们已经用舟船来运送军马。春秋战国时期，位于长江流域的越国、楚国和吴国更是时常使用船只作战。《左传》记载："楚子为舟师以伐吴。"这是目前发现的关于水战的最早记录。由此可知，当时，以舟船为运载工具的水战已经登上历史舞台。

春秋战国时期，战船的种类已经相当丰富，形制已经相当完善。据史书记载，当时有一种战船，名为"翼船"，可分为大翼、中翼和小翼。大翼的尺寸最大，"广丈六尺，长十二丈"，可容纳二十多名士兵和五十名棹手等共九十一人。从河南省卫辉市山彪镇战国墓地出土的水陆攻战纹铜鉴的图案可以看出，当时的战船是划桨船，分上下两层，上层是士兵，下层是桨手。

到了汉代，战船的种类与形制得到进一步发展，水军规模也更大。当时，汉军既有四层舱室的巨型楼船，又有防护严密的斗舰，还有狭长的艨艟、走舸及两百斛以下的行动迅速的小艇。这一时期，战船上已出现了橹和舵，帆的发展也十分迅速。东汉末年的赤壁之战中，孙刘联盟与曹军使用的战船数以千计，可见当时水战的规模之大。

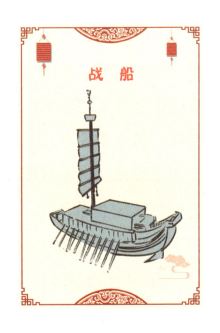

战船

南北朝时期，人们开始意识到水战会受风力影响，需要发展以人力推动的战船。于是，多桨快艇和车船诞生了。多桨快艇是装设多支船桨的中型快艇。车船是利用人力踏动木轮来推动船只前进的战船。此时，用来击碎敌船的重型打击兵器拍竿已被广泛使用。隋朝时，杨素制造出一种名为"五牙"的大楼船。这种战船高百余尺，有五层，可容纳八百余名士兵。

到了唐代，有一种名叫"海鹘船"的战船很受人们欢迎。这种战船是模仿海鸟的样子制造而成的，船的两侧有浮板，稳定性很好，很适合海上作战。

宋朝时期，车船的发展极为迅猛，并且被大量用于水战。这一时期，有二十余个桨轮的巨型车船出现了。宋将王彦恢制造了一种名叫"飞虎战舰"的战船，每船有四个桨轮，每个桨轮有八片叶片。飞虎战舰虽然体形庞大，但是非常轻便，行驶速度很快，有"日行千里"的说法。除此之外，宋代的海船、神舟等也都各有所长，或以容量大、坚实著称，或以轻便、神速见长。

明清时期的战船呈现出两个发展特点：一是没有拍竿；二是战船上开始出现火炮。

在明清之前，人们更喜欢用弓弩和刀剑作战，所以中国战船上的武器装备以轻型武器与中型武器为主。到了明清时期，中国的战船进入一个全新的发展阶段，开始配备火箭、火球，以及火枪、火炮等金属管形射击武器。戚继光编练的水军中就有大量战船配备了火铳和鸟枪，其威力十分惊人。

总之，古人为了适应水战，创制了很多性能优异、装备精良的战船。在近代之前，这些大型作战工具各领风骚，见证了历史朝代的更迭。

四、古代钢铁战船

中国古代战船主要指木战船，到了晚清时期，钢铁战船开始出现。这一时期的战船已经与现代战船十分接近，战船上的装备也以热兵器为主。

十九世纪六十年代，洋务运动开始。为了加快向西方学习先进科技的进程，清政府创建了神机营（俗称"洋枪队"），并挑选了万余名精兵，专门学习枪炮的制造和用法。清政府还开办了船政学堂与水师学堂，建立了北洋水师、南洋水师、福建水师、广东水师等近代海军部队，设置了海军衙门。

当时，北洋通商大臣李鸿章与南洋通商大臣沈葆桢各自组建了新式舰队。中法战争之前，南洋水师共有十七艘军舰，其中包括从德国购买的两艘巡洋舰，以及福州船政局制造的"开济"号。北洋水师负责守卫京师，因此得到全力建造。成军时，共有军舰二十五艘，官兵四千余人。

北洋水师成立之后，一度成为亚洲最强的海军舰队。在北洋水师中，"定远"号和"镇远"号战列舰，都是当时世界上体形最大的军舰之一。这两艘战舰船长94.5米，宽18米，吃水6米，满载排水量可达7670吨。这两艘战舰装备的武器主要有4门克虏伯305毫米后膛炮、2门克虏伯150毫米后膛副炮、4门克虏伯75毫米舢板炮、3具备有21枚鱼雷的鱼雷发射管等。此外，这两艘战舰的司令塔装甲厚达203毫米。可以说，这两艘战舰是当时一流的铁甲舰。

这两艘战舰是北洋水师的主力战舰。除了它们，北洋水师还有很多材质上乘、装备精良的钢铁战舰。比如，"致远"号和"靖远"号巡洋舰是北洋水师中航速最快的战舰，全长76.2米，宽11.58米，排水量2300吨。这两艘战舰都装备了3门克虏伯210毫米主炮、2门阿姆斯特朗152毫米副炮、4具鱼雷发射管等武器。

"致远"号

"济远"号穹甲巡洋舰也是非常优质的钢铁战舰。这艘巡洋舰长 71.93 米，宽 10.36 米，排水量 2355 吨。"济远"号穹甲巡洋舰的装甲甲板由 25.4 毫米钢质和 50.8 毫米铁质装甲层复合而成，可以防御大口径火炮的攻击。

"经远"号和"来远"号装甲巡洋舰也是装备精良的战舰。这两艘战舰为同级别的姊妹舰，长 82.4 米，宽 11.99 米，排水量 2900 吨。这两艘战舰都装备了 1 门双联克虏伯 210 毫米前主炮、2 门克虏伯 150 毫米炮、2 门克虏伯 75 毫米炮和 4 具鱼雷发射管，可以说十分先进。

北洋水师的钢铁战舰可以说是当时居于世界前列的海军战舰，北洋水师也是非常强大的海军。然而，如此精良的战舰和强大的海军，却因种种原因在甲午中日战争中全军覆没，实在令人扼腕叹息。

第六章

古代少数民族兵器

一、户撒刀

户撒刀，又称"阿昌刀"，产地为云南省德宏傣族景颇族自治州陇川县户撒阿昌族乡。户撒刀因其产地而得名。户撒刀历史悠久，早在明清时期，就已经享有盛名了。

户撒刀工艺独特，制作精良，而且种类非常多，包括宝剑、匕首、藏刀（专门为藏区生产的刀）、长刀（背刀）、腰刀、砍刀等，而长刀又可分为户撒马刀、户撒镇宅刀、户撒平头刀、户撒苗刀等。从工艺方面看，长刀与藏刀是最具代表性、制作最为精美的户撒刀。

户撒刀造型古典，用料讲究，刀柄主要采用滇缅地区的红木、楠木、乌木和大叶紫檀等珍贵木材雕刻而成。所以除了使用价值，户撒刀还具有较高的收藏价值。

关于户撒刀的来历，比较有可信度的说法是明代驻扎在户撒地区的军队里，有一支专门负责制造兵器的队伍。之后，这支军队将打制兵器的技术传授给了阿昌族人民。

阿昌族的各个村落都有明确分工，都有各自的名牌产品，如来福寨的花钢刀、黑长刀，芒东寨的小尖刀、腰刀，腊姐寨的锯齿镰刀，芒所寨的刀鞘，新寨的背刀等。

户撒刀锋利无比，但柔韧度很高。有些工匠能把刀打得刚柔兼备，不使用时，长刀甚至可以像腰带一样系在腰间。

户撒刀的制作过程比较烦琐，主要有下料、制坯、打样、修磨、饰叶、淬火、抛光、做柄、制带和组装十道工序，其中淬火的技艺最为独特。通过热处理，户撒刀的刀叶部分会变得柔可绕指、削铁如泥。

淬炼刀具时，阿昌族人会使用一种由铁、泥与石头混合制成的火炉，并配备木质的风箱，以及锤子、钳子、铁砧等工具。制作不同种类的户撒刀，工匠需要使用不同的方法。比如，又薄又柔韧的长刀，就是在蘸水之后，又经过香油回火，多次加工而成的。再如，花钢背刀是用红铁皮、白铁皮与青钢混合打造而成，具体为红铁皮和白铁皮各一层，叠在一起，然后烧化铁皮的表面，使它们粘成一块铁条，在刀口背上加青钢，打成刀形。之后，工匠会把刀身铲成白色，然后打磨到光滑。这时，刀面就会呈现红、白、青三种颜色。花钢背刀漂亮美观、锋利无比，深受滇缅之地男子的青睐。

阿昌族人民不但擅长制作刀具，而且非常喜爱刀。族里青年男子结婚时，都会背一把长刀来彰显英姿。时至今日，这种背户撒刀结婚的风俗仍在延续。

二、保安腰刀

> 保安腰刀与户撒刀、英吉沙小刀并称"中国少数民族三大名刀"。它是保安族文化的重要组成部分，被称作"保安族文化的大动脉"。

保安族主要分布在甘肃省临夏回族自治州积石山保安族东乡族撒拉族自治县。这里据说是大禹治水的源头。生活在这里的保安族人，几乎家家户户都有保安腰刀。

保安腰刀主要产自积石山保安族东乡族撒拉族自治县大河家镇、刘集乡及周边地区。在漫长的历史时光中，保安腰刀一直是整个保安族的重要输出产物。保安腰刀的制造工艺十分精湛，用料也非常考究。保安腰刀线条优美流畅，造型精致美观，兼具实用价值与观赏价值。

保安腰刀的打造历史相当久远，早在元朝时期，保安族人就已经开始打造腰刀了。1227年，成吉思汗东征的时候，把部分官兵与工匠留在青海的同仁地区。这些官兵、工匠与当地各民族互通有无，交流融合，最后形成了保安族。

定居之后，保安族人主要从事木工、冶铁、金银锻造等行业。这使得他们具备了制刀的技术条件。后来，保安族人迁徙到大河家镇一带。从先人手中传下来的制刀手艺成了他们谋生的手段。靠着这一手艺，他们生产了大量工艺精湛的腰刀，并用这些腰刀与其他民族交换牛羊和生活用品。自此，保安族的腰刀与本族经济紧密联系在一起。

保安腰刀多种多样，而且各具特色，比较有名的有折花刀、扁鞘、鱼刀、双落、满把、什样锦、蒙古刀、一刀线、波日季、雅王其、哈萨克刀等。传统保安腰刀的规格有五寸、七寸和十寸三种，刀面上刻着龙、梅花等图案。

折花刀

保安腰刀中，什样锦最为精致美观。它的刀柄由什样锦镶嵌而成，颜色十分华丽，有金黄、翠绿、湛蓝、黛黑、银白、桃红等，似花团锦簇，无比明艳。它的刀鞘通常为银色，上面还有三道枣红色的铜箍。刀鞘上端有一小孔，一枚紫铜环穿在小孔内。拔刀出鞘，刀身闪着寒光。

保安腰刀的特点是吹发即断，这一点也很好验证。人们只要从头上拔几根头发，将它们横放在刀刃上，轻轻一吹就可以了——这些头发便会断为两截。而且，保安腰刀可以把铁棒削得铁屑飞溅，刀口却不缺不卷，仍旧锋利。

要想获得这样锋利的宝刀自然不是一件容易的事。保安腰刀的制作工艺非常复杂。一把保安腰刀多则要经过八十多道工序，少则也得经过三四十道工序才能制成。仅制作刀柄一项，就要先将白铁丝、红铜丝、黄铜片、牛角等材料分别加工，然后将它们叠合在一起，最后还要在刀柄上绘制各种栩栩如生的精美图案，打磨抛光。

保安腰刀距今已有数百年历史。随着社会的不断发展，保安腰刀的工艺更加精湛，造型更加美观。

三、英吉沙小刀

英吉沙小刀刃口锋利，造型精致，纹饰秀美。它既是日常生活用刀，又是具有较高欣赏价值的工艺品。

英吉沙小刀因其原产地在英吉沙县而得名。英吉沙县位于新疆维吾尔自治区西南部，这里的手工业相当发达，不仅铁器闻名，织布、土陶、制靴、织花等也非常知名。

据传，最初，英吉沙小刀是由一位名叫买买提·库拉洪的铁匠制作而成的。买买提在制作小刀时，为木质刀柄涂上了红、绿等色，又在上面雕刻出方、圆、直、齿和三角形图案。大家见买买提锻造的小刀既锋利又美观，纷纷前来学习这种小刀的制作工艺。

当时，工匠们在买买提制作的小刀的基础上，又别出心裁地制作出各种造型。他们还在刀柄上镶嵌了白银、玉石、骨石、黄铜等材料，刻上了富有民族特色的精美图案。工匠们的竞争使得英吉沙小刀的品质快速提升。很快，英吉沙小刀的名声就传到了和田、莎车、喀什和库车等地。后来，新疆的很多地方都开始制作并销售英吉沙小刀。

英吉沙小刀尺寸不一，通常在十几厘米到二十几厘米，最大的可达半米，最小的也就6厘米左右。英吉沙小刀造型各异，比较常见的造型有月牙、鱼腹、凤尾、雄鹰、红嘴山鸦和百灵鸟头。

英吉沙小刀的刀鞘也非常考究，工匠会根据刀形为小刀配置刀鞘。制作刀鞘时，工匠会先用木片制作一个合体的内套，然后把牛皮和羊皮缝在内套上。皮子要事先用模具压制出一个简单的纹样，再涂成洋红、玫瑰红、褐色、橙色或黑色等颜色。刀鞘除了用皮料制作，也可以用银、铜和铝等金属来制作，以此彰显刀的珍贵。

英吉沙小刀非常锋利，其制作过程也非常烦琐。工匠需要先精心挑选钢材，一般选用弹簧钢、轴承钢，然后将钢材制成粗坯和细坯，之后再用锉刀将其磨光。磨光后，小刀就要进入核心工艺阶段了。英吉沙小刀的核心工艺有淬火、锻打、保养、开刃等。这些工艺都是工匠们代代相传的绝技。

英吉沙小刀钢色纯正，刀刃触感光滑细腻，犹如美玉，可谓集民间手工技艺之大成。

四、蒙古弯刀

　　蒙古弯刀属于弯刀的范畴，用优质钢材锻造而成，是蒙古人必备的武器。

　　在蒙古族的传说中，长生天赐予蒙古人"三大宝"和"三小宝"。其中，"三大宝"是蒙古包、草原和牛羊，"三小宝"则是蒙古刀、马头琴与奶酪工艺。

　　蒙古刀中，最为出名的当数蒙古弯刀。因为蒙古弯刀常用马头作为造型，所以人们又将其称作"马头弯刀"。蒙古弯刀是蒙古人日常生活中常用的工具之一，它不仅可以用来防身，还可以用来宰杀牲畜、镇宅辟邪。

　　从九世纪开始，蒙古各个部族逐渐分化成草原游牧民族与森林狩猎民族。草原游牧民族从额尔古纳河一带，一直迁徙到斡难、克鲁伦、土拉三河流域。那里水草丰美，十分适合畜牧业的发展。在这种大环境下，蒙古骑兵应运而生。

　　蒙古骑兵在冷兵器时代能称霸世界，与他们精良的武器装备不无关系，蒙古弯刀就是他们所使用的重要武器之一。蒙古人将刀打造成弯曲形状，是因为他们在实践中发现弯刀更符合力学原理，可以让骑兵更容易在奔腾的马匹上劈砍敌人。在符合力学原理设计的基础上，蒙古弯刀借助马匹奔跑时的冲击力，将杀伤力发挥到了极致。

马头弯刀

　　如此厉害的蒙古弯刀，其制造工艺必然不简单。蒙古弯刀的刀身会采用优质钢材来锻造。刀柄和刀鞘部分，除了钢材，也会用金、银、木、牛角、骨头等材料打造。

　　蒙古族崇尚自然，所以，蒙古弯刀的刀鞘上通常会绘制天、地、日、月、星辰、山、水、火、雷电、树木、动物等图案。此外，奶桶、矛戈、敖包、弓箭等也是蒙古弯刀刀鞘常使用的图案。

　　蒙古弯刀的刀柄主要为铜质，上面绘制的图案可分为自然图案与吉祥纹样。自然图案包括牡丹、海棠、梅花、杏花、芍药等花纹，以及蝙蝠、牛、羊、马、鹿、骆驼、蛇、虎等动物纹。吉祥纹样中，能够表达蒙古族人民美好愿望的祥云、"长寿"字样、"洪福"字样、"喜"字样、"吉祥"字样等都十分常见。

蒙古族被誉为"马背上的民族"。在冷兵器时代，蒙古弯刀是蒙古族男子必备的兵器；在现代，蒙古弯刀仍然广泛出现在蒙古族人民的生活之中。

五、景颇刀

景颇刀是景颇族人民的防身武器，也是景颇族人民的劳动生产工具，还是景颇男子必备的装饰品。景颇刀是景颇族文化中最具有代表性的象征物。

景颇族人在生产与生活中，一直与刀相依相伴。景颇族人上山打猎，砍柴劈柴，要用到刀；结交朋友，恋爱结婚，要赠送刀；纵酒放歌，也要挥舞刀。可以说，刀是景颇族人生产与生活中的必需品。

景颇刀有个特点，那就是没有刀尖。关于景颇刀没有刀尖的原因，还有一个美丽的传说。

相传，景颇族人原本过着平静幸福的生活，有一天，魔王突然闯入景颇族领地，肆意伤害景颇族人。神仙来到此地，看到景颇族人受害不浅，就送给景颇族人一把宝刀，并教会景颇族人武艺。在神仙的帮助下，景颇族人终于赶走了魔王。后来，藏族人民得知此事，前来借宝刀。慷慨的景颇族人将刀尖掰下送给了他们。从此，藏族的匕首有了刀尖，景颇刀就变成了平头刀。

虽然传说中提到了藏族的匕首，但事实上，景颇刀与藏族的匕首并无关系，反倒与户撒刀渊源颇深。因为景颇族人使用的景颇刀，很多是由阿昌族人打造的。景颇刀上宽下窄，刀身有血槽，有直刀与弯刀两种。刀柄有木质、角质和骨质等。刀鞘为木质，工艺精湛，造型美观。

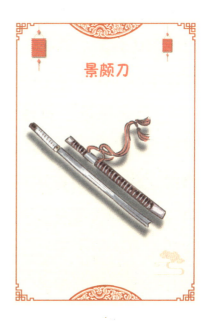

景颇刀

刀是景颇族文化的重要象征。景颇族人使用刀的历史已有数百年，我们可以从一些历史文献中找到景颇族人使用刀的记录。《永昌府志》记载："野人，居无屋庐，多有茅棚，好迁移。赤发黄睛，以树皮、毛布为衣，掩其脐下。首戴骨圈，插野鸡毛，缠红藤。执勾刀大刃，猎捕禽兽，食蛇鼠。"这里的"勾刀大刃"可能指的就是景颇族人在清代使用的刀具。

《镇康县志》也有相关记载："野夷老亢，南区、蚌孔、稀蓝子山有二十余家。性强悍，好斗。男子尝佩半鞘刀及一花春袋，头养长发，挽髻，耳穿洞，好食大烟芦子。"据记载可知，佩半鞘刀是景颇男子的常见装束。

景颇族的男孩到了十二三岁就要背起长刀。每当农闲草枯时节，青壮年便要三五成群地去围猎。他们都会佩刀，用于防身。在举行"目瑙纵歌"时，小伙子们还要在各种乐器的伴奏声中举刀起舞。

"目瑙纵歌"可以说是景颇族最为隆重的祭祀活动。景颇族人会在"目瑙纵歌"的标志——"目瑙示栋"（由四根立柱和两根横木组成，中间两根较高的立柱为雄柱，两边较短的为雌柱）的两根雄柱之间放置两把交叉的刀。这两把刀一把为雄性，另一把为雌性。景颇族人将刀看作日月星辰一般的神灵，祭祀时供奉刀，代表了他们对天地自然的崇敬。

在古代，刀还是景颇族人身份的象征。有一把银质刀柄的长刀，代表这个人非常富有。景颇族男子娶妻时，无论家境富裕还是贫寒，都要有刀做聘礼，这样才代表男子可以自立门户了。刀还是景颇族人礼尚往来的礼物，表示相互尊敬、相互爱戴之意。

六、藏　刀

　　藏刀，又被称作"折刀""藏腰刀"，是藏族人民生活中不可或缺的一种用具。藏刀的形制与工艺都颇具民族特色。

　　藏刀被称作"折刀"，是为了纪念藏族英雄折勒干布。相传，在很久之前的西藏地区，草原上的牧民几乎人人都拥有一把藏刀。可是，头人和牧主为了巩固自己的权力，逼迫牧民将藏刀交出来。藏刀是牧民必备的工具和武器，很多牧民不愿意把它交给头人和牧主。于是，头人和牧主便开始大肆抓捕拒交藏刀的牧民。

　　折勒干布听说了此事，为了解救自己的同胞，跨上马，拿起刀，朝着头人和牧主冲去。可惜，折勒干布寡不敌众，为同胞流尽了最后一滴血。为了纪念英雄折勒干布，牧民们便将藏刀改名为"折勒干布刀"，简称"折刀"。

藏刀分长剑和腰刀两种。长剑藏语称"巴当末"，长度可超过 1 米；腰刀藏语称"结刺"，长度在 10 厘米到 45 厘米。藏刀的种类较多，较知名的有拉孜藏刀、易贡藏刀、康巴藏刀、安冲藏刀等。

拉孜藏刀是西藏自治区日喀则市拉孜县出产的手工藏刀。拉孜地区海拔高，矿藏丰富。这里的藏刀加工精细，刀面净光，刀刃锋利。刀柄以牛角或木料制成，外面缠以银丝、铁丝或铜丝。刀鞘也是包银或包铜，还有各种图案，十分考究。工匠在打造拉孜藏刀时很注重刀刃的钢火，并且总结出了一套独特的制作工艺。比如，在淬火时，工匠

拉孜藏刀

会使用酥油、羚羊血和藏青果等物反复锻造。

易贡藏刀历史悠久，迄今已有近四百年。易贡藏刀除了易贡地区外，其他地区无法打造，因为易贡藏刀所用的原材料是由在当地山上开采的三种铁料组合而成的。易贡藏刀的打造过程十分漫长，首先三种铁料要遵照古法被锻打成一定的形状并合在一起，然后再经过千锤百炼、高温

烧制、水中冷却、打磨等步骤，最终变成一把细长、轻便、锋利、不易生锈且带有波纹的刀。易贡藏刀的刀柄和刀鞘用的均是易贡原始森林里稀有的树种原木，辅之以珍珠鱼皮裹柄。在古代，易贡藏刀是贵族和上层官员佩带的专用兵器。

康巴藏刀是指四川西部甘孜州、西藏东部昌都地区出产的手工藏刀。性格豪放的康巴人民爱刀胜过爱牛羊与财富。对康巴人来说，拥有一把好刀十分重要。所以，康巴工匠不但追求刀刃的锋利，也追求刀鞘与刀柄的美观。康巴藏刀的刀鞘通常用黄铜、白铜、纯银制作而成，上面鎏金镀银、雕龙刻凤，遍镶珠宝，看上去非常华丽。

藏族人民用刀的历史十分悠久。在古时候，藏族人民用刀防御猛兽袭击、猎食动物、对付恶劣环境等，可以说藏族人民曾与刀形影不离。现在，虽然藏刀不再作为兵器使用，但独特的民族特色让其拥有了装饰和收藏等新的价值。